JN026238

公務員

合格への

第2版

石川秀樹 著

はじめの一歩

経済科目　ミクロ経済学・マクロ経済学

TAC出版

TAC PUBLISHING Group

はしがき

　本書は、**大卒程度の公務員試験を目指す方を対象とした学習入門書**です。

　公務員となるためには、まず志望する職種の採用試験に合格しなければなりません。公務員試験は、職種ごとに試験が設けられており、試験の仕組みも複雑です。また、試験の内容も多岐にわたり、学習範囲が広い試験でもあります。

　まずは、そのような「**公務員のさまざまな職種**」および「**公務員試験**」を知ってもらうこと、さらに出題科目の中でウエイトの大きい「**経済系科目**」の“**基本**”を理解していただくことを目的に本書は作られました。

　オリエンテーション編では、「経済系科目」であるミクロ経済学・マクロ経済学の基本的な考え方やアウトラインについて説明しています。また複雑な公務員の職種や試験制度を知るためのガイダンスについて、ダウンロードコンテンツを利用できます。詳しくはご案内ページをご覧ください。

　入門講義編では、ミクロ経済学・マクロ経済学の重要事項をていねいに説明しています。イラストや板書を豊富に収録しているのでスムーズに読み進めることができるでしょう。

　経済系科目は分量も多く、初学者にはとっつきにくいと思われがちなので、効率よく学習するためには、やさしい内容から段階的に理解していき、全体像をきちんと把握してから学習を始めることが大切になります。そのために**入門講義編**では、ミクロ経済学・マクロ経済学の“**核**”となることがらを厳選して説明しています。ただし、初学者の方は、入門講義編からいきなり読まずに、必ず**オリエンテーション編**を読んだ上で**入門講義編**に進んでください。

　それでは、本書をスタートラインに、受験学習の一歩を踏み出しましょう。みなさまが、本試験に合格されることを祈念します。

2024年3月

石川 秀樹

本書の効果的な学習法

1 オリエンテーション編で試験、資格について知りましょう！

オリエンテーション編は、経済学という科目の概要と、基本的な学習方針についてまとめています。出題数が多く重要な科目であるからこそ、まず科目の性質をきちんと理解したうえで学習を始めるようにしましょう。

2 入門講義編で経済学の学習内容の概要を学びましょう！

入門講義編では、経済学の土台となる知識をわかりやすくまとめています。学習が初めての方でも無理なく読めるよう、やさしく身近な言葉を使った本文で、図解も満載。楽しく読み進めていくことができます。知識確認として、「過去問チェック！」を解き、実際の試験問題も体感してみましょう。

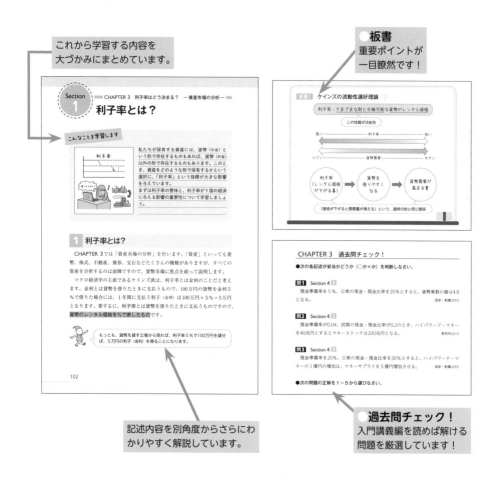

これから学習する内容を大づかみにまとめています。

●板書
重要ポイントが一目瞭然です！

記述内容を別角度からさらにわかりやすく解説しています。

●過去問チェック！
入門講義編を読めば解ける問題を厳選しています！

CONTENTS

入門講義編 第2編 ミクロ経済学

CHAPTER 1　価格の決まり方　－需要と供給－

CHAPTER 2　望ましい経済とは　－余剰分析－

CHAPTER 3　不完全競争市場　－独占・寡占・独占的競争－

CHAPTER 4　市場の失敗　－外部効果と公共財－

読者特典　ダウンロードサービスのご案内

　さまざまな公務員の仕事や試験区分、試験制度についてまとめたCHAPTER について、PDFファイルをダウンロードするサービスをご利用いただけます。

　以下の手順でTAC出版書籍販売サイト「CYBER BOOK STORE」からダウンロードできますので、ぜひご利用ください。

❶　CYBER BOOK STORE（https://bookstore.tac-school.co.jp/）に アクセス

こちらのQRコードからアクセスできます

❷　「書籍連動ダウンロードサービス」の「公務員 地方上級・国家一般職 （大卒程度)」から、該当ページをご利用ください。

　⇒　この際、次のパスワードをご入力ください。

202511085

オリエンテーション編

経済学が苦手とされやすい理由の1つに、特有の思考パターンが求められることがあります。ここでは経済学の基本的な考え方を理解したうえで、これから学習する内容のアウトラインを簡単に押さえておきましょう。

経済学の思考パターンで色分けしよう！【6色勉強法】

こんなことを学習します

経済学には特有の考え方（思考パターン）や説明方法があります。みなさんがこれから勉強する経済学の理論はすべて同じ思考パターンで創られたものです。ですから、まずはその思考パターンを理解し、そのパターンに従って勉強していくことが、経済学をマスターする近道となるのです。「郷に入りては郷に従え」です。

1 経済学の理論モデル

さあ、それではさっそく経済学の世界をご案内しましょう。

経済学は、その名のとおり、現実の経済を分析する学問です。しかし、現実経済は複雑ですからそのままでは分析できません。そこで経済学者は、分析しやすいように現実経済を単純化した模型を創り、そのシンプルな模型を分析して結論を導き出します。ここで分析対象とする模型のことを「理論モデル」といいます。

この「仮定を置くことによって複雑な現実経済を単純化した模型（モデル）を分析する」というところが非常に重要です。

ただ、漠然とした話ではわかりにくいので、具体例を使って、5つのステップに分けて説明しましょう。

1 言葉の意味をはっきりさせる!【定義の明確化】

　いま、ある経済学者が、消費に関する理論を創ろうとしているとしましょう。まず最初にはっきりさせなければいけないのは言葉の意味です。

　例えば、物を買えば何でも「消費」というわけではありません。家を買った場合には「住宅投資」といい、「消費」ではなく「投資」とされます。

> 「投資」とは将来のために物を買うことで、これに対し「消費」とは「消」という漢字からわかるように、いま買って使ってしまったら将来残らず消えてしまうものを買うというイメージです。
> ただ、自動車や家電製品のような耐久消費財は将来に残るのに消費とされるので、なんだか矛盾しているような気がしますね。いずれにしても、このような問題が起こるので、何を消費とするかを決めておく必要があるわけです。

　このように言葉の意味をはっきりさせたものを定義と呼んでいます。テキストを読むときには、まず最初に、「定義を明確にする」という作業を行います。

2 複雑な現実経済を単純化する【仮定】

　現実経済での消費にはさまざまなパターンがあります。のどが渇いたからコンビニでペットボトルのお茶を買う（パターン1）とか、SNSで評判になったグッズをAmazonで買ってみたが後悔した（パターン2）とか、あるいは、それほど欲しいとは思っていなかったけど友達が買うからお揃いで一緒に買うケース（パターン3）、他にも、アイドルの投票券が欲しいからCDを何枚も買ってしまうケース（パターン4）などいろいろあるでしょう。

　いま、消費者が消費を行う行動原理を4パターンほど挙げました。このうちパターン1では、なぜコンビニで130円でお茶を買ったかといえば、お茶に130円以上の価値があったからです。飲み物を買うときに、わざわざそのようなことを考える人はいないかもしれませんが、私たちは無意識のうちにそのような判断をしているのです。逆に、のどが渇いていないときは飲み物の価値が130円よりも低いのでコンビニで飲み物を買わないのです。

このような消費のパターンは道理や理屈にかなっているので「合理的」な消費といいます。

　これに対して、 パターン2 ～ パターン4 は商品そのものの価値ではなく、ほかの要因で購入しています。これらも考えると非常に複雑になってしまい、理論を創ることができなくなってしまいます。そこで、経済学者は、多くの場合、 板書1 のように パターン2 ～ パターン4 はない、つまり、 パターン1 の消費しかないと仮定します。 パターン1 は「合理的」な消費ですから、それだけであれば分析しやすく理論が創りやすいのです。

　このように現実経済を単純化して パターン1 しかないとした世界のことを、理論を創るための模型なので「理論モデル」といいます。

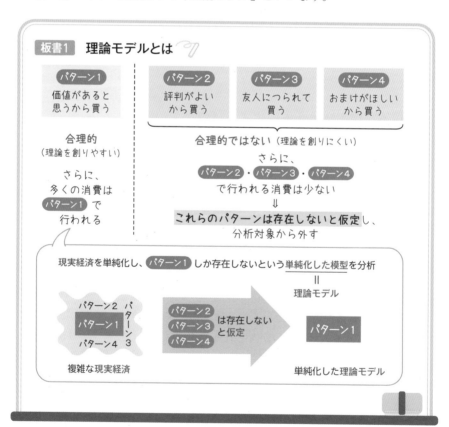

板書1　理論モデルとは

パターン1	パターン2	パターン3	パターン4
価値があると思うから買う	評判がよいから買う	友人につられて買う	おまけがほしいから買う

合理的
（理論を創りやすい）

合理的ではない（理論を創りにくい）

さらに、
多くの消費は
パターン1 で
行われる

さらに、
パターン2 ・ パターン3 ・ パターン4
で行われる消費は少ない
⇓
これらのパターンは存在しないと仮定し、
分析対象から外す

現実経済を単純化し、 パターン1 しか存在しないという単純化した模型を分析
＝
理論モデル

パターン2
パターン1
パターン4
パターン3

パターン2
パターン3
パターン4
は存在しない
と仮定

パターン1

複雑な現実経済

単純化した理論モデル

3 単純化した理論モデルを分析する【分析】

すでに複雑な現実経済を単純化した「理論モデル」を創っていますから準備が終わっています。いよいよ経済学者は、この「理論モデル」を使って分析を行うわけです。

4 結論を導く【結論】

分析の結果、「人々は○○のように消費を行うのだ！」というように結論を導き出します。この結論が理論と呼ばれるものです。

5 結論が現実に当てはまるか確認する【現実妥当性の確認】

結論が完成したら、その結論（理論）が現実経済を説明できるのかを確認します。経済学は現実経済を説明する学問ですから、いくらカッコイイ理論を創っても現実経済を説明できなければ意味がありません。

現実経済を説明できればそれが理論の「長所」となりますが、一方で、その理論で現実経済のすべてを説明できるわけではありません。なぜなら、分析したのは現実経済を単純化した「理論モデル」だからです。思い出していただきたいのですが、 パターン1 の合理的な消費だけを分析しましたので、 パターン2 〜 パターン4 の消費については当てはまらないでしょう。

> このように、現実経済を説明できない部分が理論の「問題点」あるいは限界となるわけです。

2 「仮定」に着目する

このような5つのステップの中で**最も重要なのがステップ2の仮定**です。仮定を置くことによって現実経済を分析できるまで単純化するわけですが、あまりにも現実離れした理論モデルを創ってしまうと、出てきた結論がおかしなものになってしまうのです。

例えば、パターン4 のアイドルの投票券のような商品に付属するおまけで消費を行う人を分析してしまうと、結論は「人々は商品はどうでもよくておまけがよければ買う」という結論になってしまい、ごく一部の消費にしか当てはまらなくなってしまうのです。

経済学では「……と仮定する」、「……という仮定をおく」などとやたらと仮定が多いのですが、これを単なる前置きと捉えて無視してしまうと、いつまでたっても経済学が理解できないのです。みなさんは「仮定」を目にしたら、「ここは重要なところだな、単純化しようとしているな。でも単純化しすぎたり、おかしな単純化をしたりすると大変なことになるぞ」と緊張しながら読む必要があるのです。

> 経済学では、仮定は前置きなどではなく、複雑な現実経済を分析できるように単純化するというとても大切なものです。

3 6色勉強法

私たちが勉強する経済の理論はこのような思考パターンで創られているわけですから、このパターンに沿って勉強すると効率的に理解できるのです。では、この思考パターンに沿って経済学を勉強する習慣をつけるためにはどうしたらいいでしょうか？

私はラインマーカーによる色分けを提案します。定義はピンク、仮定は水色、分析は黄色、結論はオレンジ、長所は緑、短所は紫の6色です。色分けしておけばあとで復習するときにもこの思考パターンを忘れずに効率よく勉

強することができるわけです。これまでの本文でもところどころにさりげなく同じ色分けをしていましたから、確認してみましょう。

　それでは、Section 2 の最後に、経済学の思考パターンに沿った 6 色蛍光ペン勉強法を整理しておきましょう。なお、この本もこのパターンに沿って色分けをしていますので、色の意味をしっかり覚えておきましょう。忘れたらこの図を見て確認してください。

板書2　経済学の思考パターン別色分け法

STEP 1　**定義** の明確化　　　　　　　　　　　**定義はピンク**

STEP 2　**仮定** をおいて単純な理論モデルを創る　　**仮定は水色**

STEP 3　単純化された理論モデルを **分析**　　　　**分析は黄色**

STEP 4　**結論** を導く　　　　　　　　　　　　　**結論はオレンジ**

STEP 5　現実妥当性の確認

　　　　　　　↙　　　↘
結論で現実を説明できる　説明できない　　　　　　**長所は緑**
　　　長所　　　　　　**短所**　　　　　　　　**短所は紫**

この経済学の思考パターンを身につけることが、経済学をマスターするポイントなのですが、多くのテキストには書いていません。これは、著者である経済学の専門家にとっては当たり前のことだからなのだと思います。

Section 2 経済学の全体イメージ

こんなことを学習します

多くの公務員試験の専門試験では、経済学の中でもミクロ経済学とマクロ経済学という分野から出題されます。そこで、Section 2では、ミクロ経済学とマクロ経済学とはどのようなものかを学びます。さらに、ミクロ経済学・マクロ経済学という軸と供給重視か需要重視かという軸で経済学の全体像を把握します。

1 ミクロ経済学とマクロ経済学

1 ミクロ経済学とは

みなさんは「ミクロ」と聞くとどのようなイメージを持ちますか？

長さを表す「メートル」という単位がありますが、「メートル」の百万分の1を表す単位に「マイクロメートル」というものがあり、このマイクロメートルはかつて「ミクロン」と呼ばれていました。「ミリメートル」よりもはるかに小さな単位です。

このイメージどおりで、ミクロ経済学とは「細かい」経済学ということなのです。「細かい」とは、世界経済とか日本経済のように「大きな」経済ではなく、企業の行動であるとか、消費者の行動であるとか、あるいは、リンゴの市場や自動車の市場など特定の市場を分析することです。これをきちんと定義すると、ミクロ経済学は、==個々の企業や消費者の行動や、ある特定の市場を分析する経済学==となります。

> ピンクは定義です！

2 マクロ経済学とは

　これに対し、「マクロ経済学」とは、日本経済とか世界経済とか大きな視点で経済を扱います。マクロ経済学の定義についてはいろいろあるのですが、公務員試験との関係では、一国経済全体を分析する経済学と覚えておけばよいでしょう。

> 公務員にはミクロの視点とマクロの視点の両方が重要だといわれることがあります。これは、住民や国民1人ひとりの生活から政策を考えていくという視点（ミクロの視点）と、地域全体あるいは国全体、あるいは、世界全体を見たうえで政策を考えていくという大きな視点（マクロの視点）の両方を持たなければいけないということです。

板書3　ミクロ経済学とマクロ経済学

ミクロ経済学　➡　細かな視点：企業や消費者の行動、
　　　　　　　　　　　　　特定の市場を分析する

マクロ経済学　➡　大きな視点：一国経済全体を分析する

　ちなみに、この本ではマクロ経済学→ミクロ経済学の順に学習します。初学者にはそのほうが取っつきやすいと思うからです。

2 需要と供給

1 需要と供給とは

　「需要」とは「商品に対する欲求」のことをいい、「需要量」とは「買いたい量」という意味です。これに対し、「供給」は「欲求に応じて商品を与えること」をいいますが、有料で与えるので「売る」ということになり、「供給量」とは「売る量」とか「売りたい量」のことをいいます。

2 需要重視か供給重視か？

❶ 供給を重視した古典派

昔は、農業や工業の生産性が高くなかったので、商品の供給は人々の需要に対して不足気味であり、いかに供給量を増やすのかが重要なテーマでした。ですから、昔の経済学の主流派である古典派は供給を重視しました。

> 黄色は分析です！

❷ 需要を重視したケインズ派

しかし、やがて農業や工業の生産性が飛躍的に高まるようになると、今度は供給のほうが需要を上回るようになり、商品が売れ残る事態が生じてきました。これが世界大恐慌（1929〜33）です。こうなると逆に、いかに需要量を増やしていくのかということが重要になってきます。

このように需要を重視した経済学を創ったのがケインズというイギリスの学者です。世界大恐慌の後ではケインズの考え方を引き継いだ学者グループであるケインズ派が経済学の主流となっていきます。

J. M. ケインズ （1883-1946）
イギリスの経済学者
経済学に革命を起こし、「不況のときには政府は景気対策をすべきだ」という今日の常識をつくりました。

3 古典派とケインズ派

　なお、経済学を創ったといわれるアダム・スミスは古典派に分類される経済学者ですが、『国富論』という著書の名前からもわかるように、一国経済全体のことも考えていました。ただ、古典派が経済学の主流であったころはGDPや物価などの一国経済の統計が整備されていなかったこともあって、古典派は経済全体について詳しく分析するマクロ経済学ではなく、企業や消費者の行動を分析するミクロ経済学を中心に研究を進めました。

　これに対し、ケインズ派は不況をどのように克服するのかということを重要テーマとするので、一国経済を分析するマクロ経済学を中心に議論を進めました。

　その結果、世界大恐慌まで主流であった**古典派はミクロ経済学を中心に議論**していたのですが、世界大恐慌以降に主流となった**ケインズ派はマクロ経済学を中心に議論**するということになりました。ですから、経済学の全体像を表で整理すれば 板書4 のようになります。

板書4 　**経済学の全体像**

グループ名	古典派	ケインズ派
スタンス	供給重視	需要重視
時期	世界大恐慌まで主流	世界大恐慌以降主流
活動の場	主にミクロ経済学	主にマクロ経済学

ケインズ派にもミクロ経済学の理論はあるのですが、公務員試験ではほぼ出題されず、ミクロ経済学の試験問題はほとんどが古典派の理論から出題されます。一方、マクロ経済学では、ケインズ派の理論からが9割、古典派から1割程度出題されます。

Section 3 市場に任せれば 世の中ハッピー！【古典派】

こんなことを学習します

「需要と供給のグラフ」は、高校の教科書で も出てくる有名なグラフです。高校では、 「需要曲線と供給曲線の交点で価格が決まる」 と勉強すると思いますが、ここでは、それ以 外のもっと重要な意味を学びます。その意味 こそが古典派の結論になるのです。

1 価格と需要量の関係を示す需要曲線（D）

　古典派はミクロ経済学を中心に議論を展開します。ここでは、ある特定の 市場、例えばリンゴの市場を考えましょう。なお、経済学では議論を単純化 するため、リンゴの品質は同じであると仮定します。

> 仮定は水色です！

　また、最初ですから、グラフの読み方をしつこいくらい丁寧に説明します。 グラフの読み方に慣れている人は簡単に読み飛ばしてかまいません。苦手な 方は、じっくり時間をかけて目を通し、グラフの読み方をマスターしてくだ さい。

　まず、需要量と価格の関係から検討します。リンゴの価格が80円のとき には需要量は20億個ですが、60円に下がると40億個、40円に下がると60億 個に増えることがわかっているとしましょう。このような需要量と価格の関

係を需要関数といいます。

　次の 板書5 でこの関係を、縦軸に価格（円）、横軸に需要量（億個）のグラフに描いてみましょう。

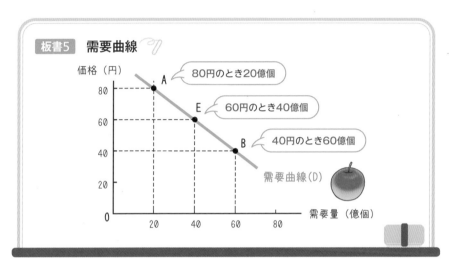

板書5　需要曲線

価格（円）

80円のとき20億個

60円のとき40億個

40円のとき60億個

需要曲線(D)

需要量（億個）

　リンゴの価格が80円のときには需要量は20億個ですから、縦軸の「80円」から右（横）に点線を引き、横軸の「20億個」から上（縦）に点線を引くと点Aでぶつかります。この点Aは、価格が80円のときの需要量は20億個となることを意味します。同じような方法で、60円のときには40億個なので点E、40円のときには60億個なので点Bとなります。

　そして、点A、E、Bを結んだ価格と需要量の関係のグラフを需要曲線と呼びます。価格が低くなると需要量が増えるという通常のケースで、縦軸に価格、横軸に需要量のグラフを描くと右下がりになります。なお需要とは英語でDemandですので、需要曲線はDと表すのが通常です。

　需要曲線といっても、テキストや試験問題では直線で書いてあることが多いのですが、経済学では直線というのは「曲線の特殊な場合」ということで曲線に含まれることになっています。

2 価格と供給量の関係を示す供給曲線 (S)

　今度は、供給量と価格の関係を検討します。リンゴの価格が40円のとき
には供給量は20億個、60円のときには供給量は40億個、80円のときには60
億個だったとしましょう。このような供給量と価格の関係は供給関数といい
ます。次の 板書6 でこの関係を、縦軸に価格、横軸に供給量のグラフに描い
てみましょう。

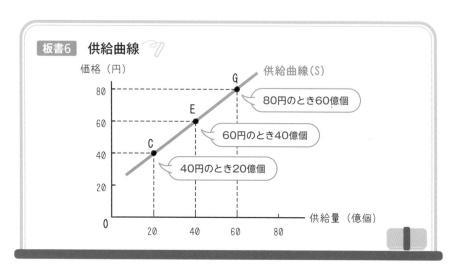

板書6　供給曲線

　リンゴの価格が40円のときには供給量は20億個ですから、「40円」から
横に点線を引き、「20億個」から縦に点線を引くと点Cでぶつかります。こ
の点Cは、価格が40円のときの供給量は20億個となることを意味します。
同じような方法で、60円のときには40億個なので点E、80円のときには60
億個なので点Gとなります。

　点C、E、Gを結んだ価格と供給量の関係を表したグラフを供給曲線と呼
びます。通常は、価格が高くなると企業は儲かるので、売りたい量である供
給量は増えるという関係になります。このため、縦軸に価格、横軸に供給量
のグラフを描くと右上がりになります。なお、供給は英語でSupplyですの
で、供給曲線はSと表すのが通常です。

3 需要と供給のグラフ

　需要曲線と供給曲線を描きましたので、いよいよこの2つの曲線を同じグラフに描いて価格がどう決まるかを考えましょう。

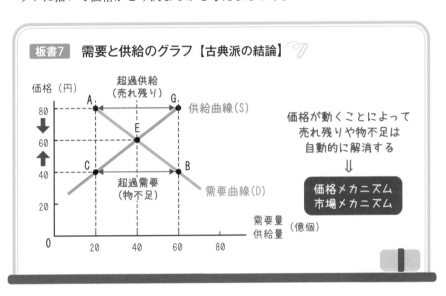

板書7 需要と供給のグラフ【古典派の結論】

（グラフ内の文字）
価格（円）
超過供給（売れ残り）
A　　G
80
E
60
供給曲線(S)
C　　B
40
超過需要（物不足）
需要曲線(D)
20
0　　20　40　60　80
需要量 供給量（億個）

価格が動くことによって売れ残りや物不足は自動的に解消する
⇩
価格メカニズム 市場メカニズム

1 価格が高いとき

　価格が80円のように高いときには、縦軸の「80円」から横に点線に沿って見ると需要曲線と点Aでぶつかります。この点Aから下に点線に沿って見ると「20」とあるので、80円のときの需要量は20億個であるとわかります。一方、縦軸の「80円」からさらに横に点線に沿って見ると供給曲線と点Gでぶつかります。この点Gから下に点線に沿って見ると「60」とあるので、80円のときの供給量は60億個であるとわかります。

　つまり、80円と価格が高いので、需要量は点Aで20億個と少ないですが、供給量は点Gで60億個と多くなっています。これでは、企業は60億個を売りたいのですが消費者は20億個しか買いませんから、差のAG（40億個）だけ売れ残ってしまいます。この**売れ残り**を「**超過供給**」といいます。これは、

供給量が需要量を上回っているという意味です。

　そして売れ残り（超過供給）があれば価格はどんどん下がっていくと考えます。価格が下がって60円になるとき、縦軸の60から横に点線に沿って見ると需要曲線とは点Eでぶつかり、点Eから下に点線に沿って見ると40とあるので、価格が60円のとき需要量は40億個、供給曲線とも点Eでぶつかるので供給量も40億個と需要量と供給量が等しくなり、売れ残りはなくなります。もう超過供給（売れ残り）がないので、これ以上は価格は下がらず価格は60円に落ち着きます。

> 需要曲線と供給曲線の交点を通常Eで書きますが、これは需要量と供給量が等しい（equal）ことに由来すると思っておきましょう（厳密にはequalの派生語のequilibrium：均衡の頭文字です）。
> 点Eを均衡点といい、そのときの価格を均衡価格といいます。

2 価格が低いとき

　反対に、価格が40円のように低いときには、縦軸の「40」から横に点線に沿って見ると供給曲線と点Cでぶつかります。この点Cから下に点線に沿って見ると「20」とあるので、40円のときの供給量は20億個であるとわかります。一方、縦軸の「40」からさらに横に点線に沿って見ると需要曲線と点Bでぶつかります。この点Bから下に点線に沿って見ると「60」とあるので、40円のときの需要量は60億個であるとわかります。

　つまり、40円と価格が低いので、需要量は点Bで60億個と多いですが、供給量は点Cで20億個と少なくなっています。これでは、消費者は60億個買いたいのですが、供給者は20億個しか売りませんから、差のCB（40億個）だけ物不足になってしまいます。この物不足を「超過需要」といいます。これは、需要量が供給量を上回っているという意味です。

　そして物不足（超過需要）があれば価格はどんどん上がっていくと考えます。価格が上がって60円になるとき、縦軸の60から横に点線に沿って見ると需要曲線とは点Eでぶつかり需要量は40億個、供給曲線とも点Eでぶつかるので供給量も40億個と需要量と供給量が等しくなり、物不足はなくなります。

16

もう超過需要（物不足）がないので、これ以上は価格は上がらず価格は60円に落ち着きます。

> 売れ残り（超過供給）があれば価格はどんどん下がっていき、物不足（超過需要）があれば価格はどんどん上がっていくという前提で需要と供給の関係を検討する方法はワルラスという経済学者が考えたのでワルラス調整過程といいます。詳しくは第2編（ミクロ経済学）で学びます。

3 まとめ

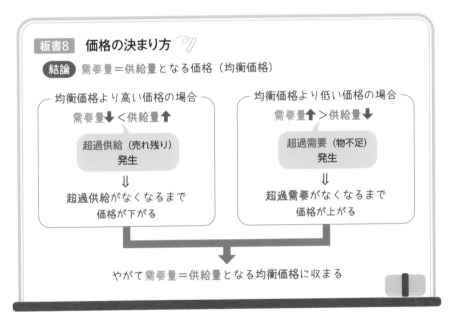

板書8 **価格の決まり方**

結論 需要量＝供給量となる価格（均衡価格）

― 均衡価格より高い価格の場合 ―

需要量↓＜供給量↑

超過供給（売れ残り）
発生
⇓
超過供給がなくなるまで
価格が下がる

― 均衡価格より低い価格の場合 ―

需要量↑＞供給量↓

超過需要（物不足）
発生
⇓
超過需要がなくなるまで
価格が上がる

やがて需要量＝供給量となる均衡価格に収まる

4 古典派の結論【経済は市場に任せるべき】

1 価格メカニズム・市場メカニズム

　おそらく高校の授業ではここまでで終わりだと思います。しかし、この先の話が実はとても大切なのです。いままでの話から、売れ残りがあるときには売れ残りがなくなるまで価格が下がり、逆に、物不足のときには物不足がなくなるまで価格が上がることがわかりました。

　このように価格が動くことによって売れ残りや物不足は自動的に解消すると古典派は考えているのです。その結果、需要量と供給量が等しくなるということは、買いたい人は全部買えるし、売りたい人は全部売れる、つまり、供給者も需要者も非常にハッピーな状態になるわけです。

> オレンジは結論です！

　売れ残りや物不足という困った状態は価格によって自動的に解消されるのでこれを「価格メカニズム」といいます。また、これが市場における重要な機能であることから「市場メカニズム」という場合もあります。

2 失業も価格メカニズムで解決できる

　古典派は、この価格メカニズムが、リンゴの市場だけではなくすべての市場に働くと考えます。労働市場であれば価格に相当するのは「賃金率」です。「賃金率」とは時給とか月給のように一定の時間当たりの賃金のことです。そして、労働市場での需要とは「労働者を雇いたい」という企業の「求人数」です。これに対し、労働市場での供給とは「労働者が働きたい」ということであり「求職数」です。

　古典派の理論では、労働市場においても、需要量と供給量が等しくなるように価格である賃金率が動くことにより、雇いたいという「求人数」と働きたいという「求職数」が等しくなり、働きたいのに働けないという失業はなくなることになります。

　そもそも失業とは、「働きたい」という「求職数（労働供給量）」が「雇いた

い」という「求人数（労働需要量）」を上回っている超過供給の状態です。古典派の考えでは失業という超過供給があれば、それがなくなるまで価格である賃金率が下がるのです。その結果、超過供給である失業は解消するでしょう。ですから、不況で大量の失業が発生したからといって政府が景気対策する必要はなく、市場に任せておけば自然に失業は解消すると考えるのです。

　古典派が「経済のことは市場に任せればよい」と主張する理由は、まさしくこのことなのです。

5　古典派は世界大恐慌の説明ができなかった

　1919年ニューヨークのウォール街で起こった株価の大暴落がアメリカを大恐慌に陥れます。そして、不況の波はヨーロッパ・日本など世界に及びました。世界大恐慌です。1919年までは世界的に景気はよく、失業率は数％でしたが、世界大恐慌によって、アメリカだけではなくヨーロッパや日本の失業率も20％台にまで高まりました。

　当時の主流であった経済学者たちは古典派でしたが、彼らは、失業は労働市場における超過供給（売れ残り）であるので、やがて失業がなくなるまで賃金率が下がっていくから待っていればよく、政府が対策を行う必要はないと考えました。ところが、大量失業が何年も続き、古典派の考えるようには現実経済は動きませんでした。古典派の理論では世界大恐慌時の大量失業が何年も続くという事態を説明できなかったのです。

> 問題点は紫色です！

19

板書9 世界大恐慌に対する古典派の説明と現実

古典派の説明

大量失業が発生

労働市場における超過供給
（人材の売れ残り）

⇓

失業（超過供給）がなくなる
まで賃金率（労働市場に
おける価格）が下がるはず

⇓

賃金率の下落によって
失業は解消する

よって政府の対策は必要ない！

⬌ 現実経済との食い違い

現実経済

ウォール街の
株価大暴落

	アメリカの失業率
1929年	3.2%
1930年	8.7%
1931年	15.9%
1932年	23.6%
1933年	24.9%
1934年	21.7%
1935年	20.1%
1936年	16.9%

高い失業率が続く

Section 4

世界大恐慌を見事に説明
【ケインズの有効需要の原理】

オリエン編

こんなことを学習します

オモチャ200個買いたい

これまで

これから

ならば、人を増やし200個作ろう！

古典派が説明できなかった 世界大恐慌における大量失業の発生を説明した「有効需要の原理」を学びます。この理論はケインズおよびケインズ派の中心的な考え方であり、公務員試験のマクロ経済学の基本となる考え方です。

1 世界大恐慌を見事に説明【有効需要の原理】

1 有効需要の原理

　主流派経済学では説明できない世界大恐慌における大量失業を説明したのがケインズです。ケインズは当時の経済学の主流派を「古典派」と呼び、それとは異なる新しい理論「有効需要の原理」を考えました。

> 世界大恐慌当時までの経済学の主流派のことをケインズが「古典派」と呼んだので、以来、それまでの主流派は「古典派」と呼ばれ、ケインズ派に主流の座を奪われていくことになるのです。

2 「需要」を重視したケインズ

　供給を重視した古典派とは対照的に、**ケインズは「需要」を重視**しました。ケインズは「需要」には「消費」、「投資」、「政府支出」があると考えます。

　世界大恐慌では、ウォール街の株価の大暴落によって経済の先行きに不安を感じた企業が、工場を造ったり機械を購入したりするといった「投資」を控えるようになります。「投資」は需要、つまり、企業への注文ですから「投資が減る」ということは機械メーカーなどへの「注文が減る」ことになります。そして「注文が減る」ことになれば、企業も「生産を減らす」ことになり、コスト削減のために余った労働者の「解雇」を行うのです。その結果、「大量の失業」が生じるのです。

3 賃金率の下方硬直性

　「大量の失業」が生じても、賃金率がどんどん下落していけば失業はなくなるのですが、ケインズは**商品の価格と違って賃金率は下がりにくい**という仮定を置きます。これを「**賃金率の下方硬直性の仮定**」といいます。商品の価格は下がるのに、なぜ賃金率が下がりにくいかというと**労働市場は人を扱う特殊な市場であり、賃金率の下落には労働者が抵抗する**からです。

　以上のケインズの考えを整理すると、**株価の大暴落で将来の経済の先行き不安になった企業がものを買わなくなったので、需要（企業への注文）が大きく減りました。**そのため、**企業は商品の生産を大きく減らすことになり、余った労働者を解雇する結果、失業が生じる**のですが、**賃金率が下がらないために失業は解消せず長期間継続する**ということです。

　ケインズの考えを一言でいうと「**需要の大きさが生産量や雇用量を決める**」ということであり、このような考えを「**有効需要の原理**」といいます。

> この部分はケインズの結論と考えればオレンジですが、有効需要の定義と考えればピンクになります。オレンジとピンクで迷ったらオレンジというルールにしておきましょう。

板書10　ケインズによる世界大恐慌の説明【有効需要の原理】

株価の大暴落

将来不安になり、企業の投資↓＝需要↓

企業の生産量↓

余剰労働者の解雇

　賃金率の下方硬直性の仮定

失業が継続

ケインズは「有効需要」という言葉を使っていますが、これは「貨幣的裏付けのある需要」、つまり、なんとなく欲しいというわけではなく、欲しいと思ったら買うだけのお金を持っているということです。経済学の「需要」とは貨幣的な裏付けのある「需要」をいいますので、「有効需要」と「需要」をことさら区別する必要はありません。

1 積極的財政政策とは

　ケインズの偉大なところは世界大恐慌による大量失業がなぜ長期間続いたのかを説明しただけではなく、どうすれば失業を解消し景気をよくすることができるのかという対策まで考えた点です。

　大量失業が起こったそもそもの原因は需要が減ったことにあります。そうであれば、需要（企業への注文）が増えれば企業は生産を増やし、生産を増やすには労働者が大量に必要になりますので労働者を大量に雇うようになり、失業は解消します。

　そうはいっても、世界大恐慌で将来が不安なときに誰が積極的に商品を購入するというのでしょうか。おそらくいないでしょう。では、どうすればよいでしょうか？　民間の企業や個人が商品を購入しないのであれば、代わりに政府が購入すればよいというのがケインズの主張です。

　不況期に景気対策として政府支出を増やすことは積極的財政政策と呼ばれます。「財政政策」とは「政府の収入（税金）と支出に関する政策」をいい、ケインズの対策は失業解消のために財政政策を積極的に活用しようという考えなので、積極的財政政策と呼ばれます。

> 「不況のときに政府が景気対策をするのは常識であって、別に特別なことではないのでは…？」と思う人もいるかもしれません。しかし、ケインズ以前には、不況になっても政府は何もせず市場に任せるのが常であり、「不況期には政府が景気対策を行う」という今日の常識はケインズによって創られたのです。

2 古典派とケインズの違い

❶ 古典派の考え

　ここで、ケインズ以前の経済学者の考え方も説明しておきましょう。ケインズ以前の経済学の主流は古典派です。古典派は、経済は市場に任せておけ

ばよいと考えます。そして、財政（政府の収入と支出）は毎年バランスすべきと主張します。これを単年度財政均衡主義といいます。

　この考え方だと、不況のときには企業や個人の所得が減りますから税収は減るはずですが、そうすると財政を均衡するためには政府支出も減らす必要が出てきます。

❷　ケインズの考え

　これに対しケインズは、不況で失業が発生した原因は需要が減ってしまったことにあるのだから政府支出を減らすべきではない、むしろ政府支出を増やすという景気対策をすべきだと主張したのです。

　しかしそうすると、不況期で政府の収入（税収）は減っているにもかかわらず政府支出を増やすことになりますから財政は赤字になってしまいます。ケインズは、不況期に財政が赤字になったとしても、好況期には税収が増え政府支出を減らせば財政黒字になるので、長期的に財政を均衡させることができればよいと考えたのです。

3 仮定の置き方で問題解決が見える

　ところで、Section 1で経済学では仮定の置き方が非常に重要だという話をしましたが、これは古典派とケインズの理論にも当てはまります。古典派は労働の価格である賃金率が伸縮的に動き、失業がなくなるまで賃金率は下がると考えます。その結果、賃金率が下がることによって失業がなくなると考えるわけです。

　これに対して、ケインズは賃金率が下がりにくいという「賃金率の下方硬直性」を仮定し、このために失業が解消せず長期間継続してしまうと考えたのです。このようにしてケインズは世界大恐慌の時の大量失業が何年も続いてしまうのはなぜかということに答えを出したのです。つまり、一番のポイントは賃金率が下がるのか下がらないのかという点についての仮定の置き方の違いだったのです。

ケインズと少し違う後継者
【ケインズ派】

こんなことを学習します

ケインズは賃金率が下がりにくいという「賃金率の下方硬直性」を仮定しましたが、ケインズの考えを引き継いだ「ケインズ派」は物価も下がりにくいという「物価の下方硬直性」も仮定して議論を進めました。公務員試験のマクロ経済学の中心はケインズ派の理論ですので、重要です！

1 物価も下がりにくいと仮定したケインズ派【物価の下方硬直性】

　ケインズは賃金率が下がりにくいという賃金率の下方硬直性を仮定したのですが、商品の価格の平均値である物価が下がりにくいとは仮定しませんでした。なぜかというと、世界大恐慌のときには、物価が1年間で10%以上も下落していたからです。

　これに対し、「需要の大きさが生産量や雇用量を決める」というケインズの「有効需要の原理」を引き継いだ「ケインズ派」は、賃金だけではなく物価も下方硬直的であると仮定をします。なぜ物価も下がりにくいという仮定を置いたかというと、ケインズ派が活躍した第二次世界大戦後は物価が下がることがなかったからです。

2 ケインズ派の考え

　それでは、物価の下方硬直性を仮定したケインズ派の理論について、板書11 を使って説明しましょう。

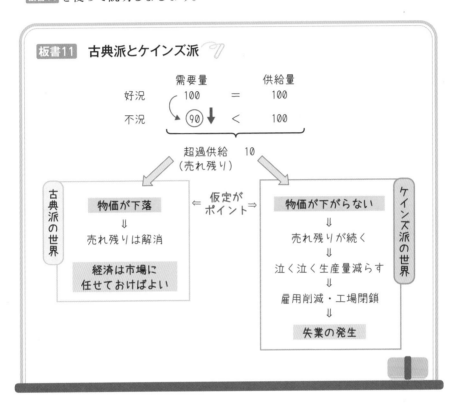

　ある国が、好況のときには商品の需要量が100あり供給量も100であったとしましょう。このとき需要量と供給量が等しいので、買いたい人は100だけ全部買うことができますし、売りたい人は100だけ全部売ることができますから、物不足や売れ残りがなく、需要者も供給者もハッピーな状態です。

　ところが、景気が悪くなり、商品の需要量が90に減ってしまったとしましょう。需要量（企業への注文）が90に減っても売りたい量（供給量）は100のはずです。なぜなら、100作るだけの労働者や設備があるからです。しかし、

100供給してしまうと需要量は90しかありませんから10だけ売れ残ってしまいます。

　古典派の世界であれば、売れ残りがなくなるまで価格が下がりますから、価格の平均値である物価も下がります。その結果、需要量と供給量は等しくなるので、経済は売れ残りのない望ましい状態に回復します。

　ところが、ケインズ派の世界であれば、売れ残りがあっても価格は下がりませんから価格の平均値である物価も下がりません（物価の下方硬直性の仮定）。その結果、**売れ残りが続いてしまうのです**。企業にしてみれば売れ残りがわかっているのであれば生産しても仕方がありません。そこで**90しか需要（注文）がないのであれば、泣く泣く供給量も90に減らすのです**。泣く泣くという意味は、本当は100供給するだけの労働者や設備があるので100供給したいのですが、やむを得ず90に減らすのです。そのため、**労働者や設備は余ってしまい、企業は余った労働者を解雇することによってコストを削減しようとします。その結果、失業が発生してしまうのです**。しかも、**賃金率が下がらないと仮定していますからこの失業はなくなりません**。

　それでは頭の整理のために古典派、ケインズ、ケインズ派の三つの考え方の違いを 板書12 に整理しておきましょう。

板書12　**古典派・ケインズ・ケインズ派**

公務員試験の
マクロ経済学のメイン

	古典派	ケインズ	ケインズ派
仮定	物価伸縮的 賃金率伸縮的	物価伸縮的 賃金率下方硬直的	物価下方硬直的 賃金率下方硬直的
スタンス	供給重視	需要重視（有効需要の原理）	
失業	賃金率の下落に よって速やかに解消	賃金率は下落しないので失業は続く	
結論	経済は市場に 任せればよい	経済は市場だけでは失業が継続するので、 政府による介入（需要創出）が必要	

公務員試験のマクロ経済学で扱われるのは主にケインズの理論ではなく「ケインズ派」の理論ですのでケインズ派の理論はしっかりと理解しておく必要があります。

3 古典派とケインズ派を使い分けましょう!【新古典派総合】

それでは古典派とケインズ派どちらが正しいのでしょうか?

古典派の考えによれば、賃金率の下落によって失業は速やかに解消されますから不況は発生せず常に好況です。ですから、古典派では不況を説明することができません。そこで、古典派の考え方を採用しつつ、「好況時には古典派、不況時にはケインズ派」と使い分けようという考え方が出てきます。このような考え方を新古典派総合と呼び、サミュエルソンという学者が主張しました。

第 1 編

マクロ経済学

CHAPTER 1

日本経済の測り方
―GDPと物価―

マクロ経済学は一国の経済を分析する視点ですが、分析を行うには"ものさし"が必要です。ここでは、マクロ経済を分析するための指標として、GDPと物価について学習します。

GDPと1人当たりGDP

こんなことを学習します

GDP　　1人当たりGDP

「GDP」という言葉はよく使われるので、聞いたことがある人も多いと思います。公務員試験ではGDPについて突っ込んだ正確な理解が問われますが、まずは簡単にどのようなものを表す指標なのかを見ていきましょう。

1　GDPとは?

1　GDP

　GDPとは日本語では国内総生産と呼ばれ、簡単にいうと「1国内で1年間に生産した価値」を意味します。この**GDPが大きければ、1年間に生産した価値が大きいので、その国は経済大国**だといわれます。

　次のグラフで2022年のGDPランキングを見てみましょう。各国の比較をするために、単位は「百万USドル」に換算しています。なお、日本の2022年のGDPは円換算では約560兆円です。

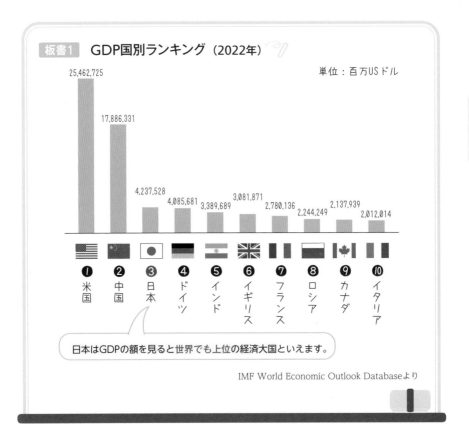

板書1 GDP国別ランキング（2022年）

単位：百万USドル

- 25,462,725 — ❶ 米国
- 17,886,331 — ❷ 中国
- 4,237,528 — ❸ 日本
- 4,085,681 — ❹ ドイツ
- 3,389,689 — ❺ インド
- 3,081,871 — ❻ イギリス
- 2,780,136 — ❼ フランス
- 2,244,249 — ❽ ロシア
- 2,137,939 — ❾ カナダ
- 2,012,014 — ❿ イタリア

日本はGDPの額を見ると世界でも上位の経済大国といえます。

IMF World Economic Outlook Databaseより

2 1人当たりGDP

しかし、GDPが大きいからといってその国の1人1人の国民が豊かであるとは限りません。なぜなら、人口が多ければその国の1年間の価値の生産額は大きくなってしまうからです。**1人1人の国民の豊かさという意味では国全体のGDPではなく、GDPを人口で割った1人当たりGDPの方が重要**です。

それでは1人当たりGDPの国別ランキングを見てみましょう。

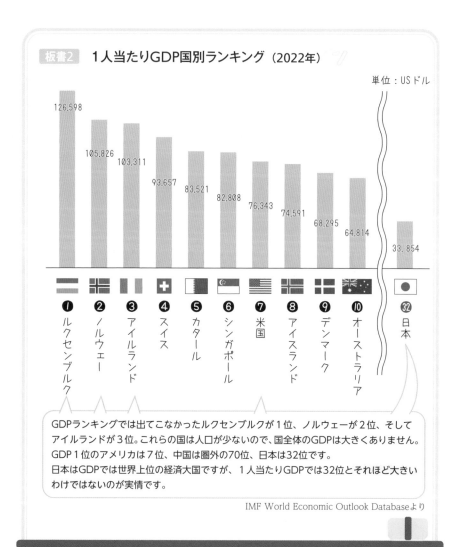

板書2　１人当たりGDP国別ランキング（2022年）

単位：USドル

❶	ルクセンブルク	126,598
❷	ノルウェー	105,826
❸	アイルランド	103,311
❹	スイス	93,657
❺	カタール	83,521
❻	シンガポール	82,808
❼	米国	76,343
❽	アイスランド	74,591
❾	デンマーク	68,295
❿	オーストラリア	64,814
㉜	日本	33,854

GDPランキングでは出てこなかったルクセンブルクが１位、ノルウェーが２位、そしてアイルランドが３位。これらの国は人口が少ないので、国全体のGDPは大きくありません。GDP１位のアメリカは７位、中国は圏外の70位、日本は32位です。
日本はGDPでは世界上位の経済大国ですが、１人当たりGDPでは32位とそれほど大きいわけではないのが実情です。

IMF World Economic Outlook Databaseより

　どうでしたか？　経済大国とされる**日本の１人当たりGDPは32位とそれほど大きくない**ということは意外ではなかったでしょうか。１人当たりGDPが大きくないということは、１人１人の国民は経済的にはそれほど豊かではないということです。

2 GDPがよく使われる理由

それにも関わらずGDPの大きさが注目されるのには3つの理由があります。

板書3 **GDPが注目される理由**

❶ GDPが大きければその国の市場が大きいので、企業にとって魅力的！

❷ GDPが大きい国ほど、防衛費や他国への経済援助に多くの予算を割くことができ国際的な影響力を発揮できる。

❸ 人口などがそれほど変わらなければ、GDPの増加は1人当たりGDPの増加も意味するので、1人1人の豊かさにも関係する。

CH1 日本経済の測り方 ―GDPと物価―

Section
2

国の経済規模をどう測る？
【GDPについて正確に知る】

こんなことを学習します

付加価値の
合計GDP

Section 1で紹介したとおり、GDPは日本語で「国内総生産」といいますが、実は生産額ではありません。ここは公務員試験にもよく出るところですから、GDPの意味を正確に理解しましょう。また、GDPの意味が正確にわかれば、その長所と短所も理解できます。

1 公務員試験で問われるGDPの意味

　では、ここからは公務員試験対策としてのGDPの勉強に入ります。まず、「G」、「D」、「P」の説明から始めましょう。

板書4　「G」、「D」、「P」の意味

G : Gross　　⇒「総＝不純物を差し引いていない」
D : Domestic ⇒「国内」
P : Product　⇒「生産」

➡ 「国内総生産」

　もっとも、この板書のとおりGDPを「国内総生産」とだけ理解してしまうといささか問題があります。

例えば実際の試験問題で「GDPとは1年間の国内における生産額の合計である」という選択肢が出題されたとき、板書の説明に照らせば、これを「正しい」と判断したくなりますね。

　しかし実は、この選択肢は間違いなのです。公務員試験では、次のように6つのポイントを押さえて覚えておき、「⑥付加価値の合計」なので「生産額」は間違いだと判断する必要があるのです。そのための説明をしていきましょう。

この6ポイントを覚えれば大丈夫！

板書5 GDP：国内総生産

① 一定期間に
② 国内で
③ 生産された
④ 固定資本減耗を差し引いていない
⑤ 原則として市場価格で表示した
⑥ 付加価値の合計

2 GDPの6つのポイント

　それではGDPの意味に関する①から⑥のポイントについて説明しましょう。

1 一定期間に

定義なのですが決めごとなので仮定と考え水色にします

　GDPは「一定期間に」生じた分を計測します。

　この一定期間とは通常1年間ですが、3か月ごとに計測されることもあります。3か月は1年の4分の1なので「四半期」と呼ばれることもあります。

2 国内で

GDPは「国内で」生産したものを計上します。

国内であれば外国人が生産したものであってもGDPの計算に入れます。逆に、日本人の生産したものであっても外国で生産したものは日本のGDPには入れず、生産した場所である外国のGDPとして計算します。

つまり、**生産地が国内**であれば計算に入れるということです。

例えば、米国の劇団が東京で公演を行い2億円の価値を生産した場合、日本国内で価値を生産しているので日本のGDPに計上されます。逆に、日本人のエンジニアが中国で技術指導を行い1億円の価値を生産した場合には、中国国内で価値を生産しているので中国のGDPに計上されます。

3 生産された

計算の対象となる一定期間の間に「生産された」ものを計上します。

GDPはその期間に生産された財を計算するので、過去に生産された中古品の取引金額はGDPに計算されません。どういうことか詳しく見ていきましょう。

経済学では「財」とは、「物とサービス」のことをいいます。これからよく出てくる言葉ですのでここでしっかりと覚えておきましょう。

板書6 「③生産された」の点からGDPに計算しないもの

❶ 中古品・土地の取引 ：その年に生産したものではないから

❷ 株式の取引 ：株式の所有者が変わっただけで**財が生産された**わけではないから

❸ キャピタル・ゲイン：資産価格が値上がりしただけで生産していないから

---

❶ 中古品・土地の取引

中古品や土地は、その年に生産されたものではないため、GDPに計上しません。

ただし、注意しなければいけないことは、例えば中古マンションの取引の際に不動産屋さんが受け取る**仲介手数料**は、その年に不動産仲介サービスを生産した対価として受け取るわけですから、**その年のGDPに計算されます**。

❷ 株式の取引

株式は投資を行う人によって売買されることによって所有者が変わりますが、このとき財が新たに生産されるわけではないので、GDPには算入しません。

ただし、証券会社はこの株式の取引を仲介するサービスを生産しているので、**証券会社の取扱手数料はGDPに計上されます**。

❸ キャピタル・ゲイン

板書6 にあるキャピタル・ゲインとは、株式や不動産などの資産価格が値上がりすることによって得られる利益のことです。これも生産には当たりませんのでGDPには計上されません。

あくまでもGDPとは「国内総生産」であり、今年生産した価値を計算するのだということをしっかりと覚えておきましょう。

> 株価が上昇すると株で儲かる人が出てきます。その儲け（キャピタル・ゲイン）自体はGDPに入りませんが、株で儲かった人が新しい車を買ったり、旅行に行ったりした時点でGDPが増えるのです。

4 固定資本減耗を差し引いていない

❶ 固定資本減耗とは

GDPは「固定資本減耗を差し引いていない」、つまりGDPには固定資本減耗が含まれています。まず、固定資本減耗が何かについて説明しましょう。

物を生産するには機械が必要ですし、サービスを提供するにはお店などの

施設が必要になります。1年間に物やサービス（財）を生産すれば、そのために使った機械や施設は摩耗し価値が減っていきます。この機械や設備の価値が減ることを固定資本減耗と呼びます。

❷　なぜ固定資本減耗を差し引かないのか

　例えば、500万円の価値を生産したのだけれども、その生産のために使っている機械が古くなって価値が100万円下がったとしましょう。そうすると100万円分損をしているわけですが、損をした分としてその100万円を差し引かないというのがGDPの計算ルールなのです。

　なぜ機械が古くなって損をしたという固定資本減耗を差し引かないかというと、固定資本減耗は大まかな計算で値を出しており、正確に計算することができないからなのです。

> なお、GDPのGとは「Gross（総）」で「不純物を差し引いていない」といいますが、その不純物とは「固定資本減耗」のことなのです。

5　原則として市場価格で表示した

　GDPは「原則として市場価格で表示した」ものです。

❶　市場価格を採用する理由

　ある財に何円分の価値があるのかは人によりさまざまです。人によって値が違うと困りますから、GDPの計算では財の価値を市場価格で表すことにします。

　例えばある車が市場価格1,000万円で売られていて、それを見たある人が「私にとってはこの車には300万円の価値しかない」と思っていたとします。その場合でも世の中には1,000万円で売る人と買う人がいるわけだから、GDPの計算の際には1,000万円で計算するといわれてもそれほど抵抗はありません。また、市場価格は客観的に存在しますから、その車の価値を誰が調べても必ず1,000万円になります。つまり市場価格には納得感と客観性があ

るのでGDPの計算に使うのです。

❷　原則と例外

さて、「原則として市場価格で表示した」とありましたが、この原則と例外について詳しく見ていきます。

板書7 **⑤原則として市場価格で表示した**

| **原則** | 市場価格がないため、GDPに加えないもの | ⇒家族の家事労働、ボランティア |

家事代行業者による家事サービスは市場価格があるためGDPに加える

| **例外** | 市場価格がないが、GDPに加えるもの | ⇒公共サービス、帰属家賃、農家の自家消費 |

板書にまとめたなかでも特に、公務員試験では公共サービス、帰属家賃、農家の自家消費の３つの例外がよく出題されるので詳しく説明していきましょう。

❸　公共サービス

警察・消防や都市計画などの公共サービスは多くのものが無償で提供され、かかった費用は税金で賄われますので市場価格はありません。しかし、公共サービスは国民の福祉（＝幸せの度合い）向上に貢献しているはずですからGDPの計算には入れたいところです。そこで、**公共サービスについては、かかった費用の分だけ価値があるとみなしてGDPの計算に加えます。**

例えば、ある警察署の１年間の費用が５億円であったとすると、その警察署はかかった５億円分の価値を生み出しているだろうということで、５億円をGDPの計算に加えるわけです。

❹ 帰属家賃

次に帰属家賃について説明しましょう。

他の人の家を借りている場合には家賃を支払います。家を借りている人がなぜ家賃を支払うかというと、家が快適な居住空間を生産してくれているからなのです。一方、マイホームを持っている人は家賃を支払う必要はありませんが、その人の家も快適な居住空間を毎年生産しているのです。そうであれば、マイホームの快適な居住空間の生産もGDPの計算に加えるべきです。

そこで、**マイホームを持っている人は、自分から自分に家賃を支払ったとみなしてGDPに加えます。**自分から自分に家賃を払ったと考えるので自分に帰属する家賃ということで「帰属家賃」と呼びます。

マイホームを持っていても家賃を
支払っているとみなす帰属家賃

❺ 農家の自家消費

最後に**農家の自家消費**です。お米を作っている農家はお米をお店で買わず自分の生産したお米を食べることでしょう。自分の生産したお米を自分で食べるのですから市場価格はありません。しかしこの場合もお米を生産していることは確かですから、**あたかも自分から自分にそのお米を売ったとみなして、GDPに加えます。**

自家消費する分も自分で自分に
売ったとみなす農家の自家消費

6 付加価値の合計

最後に、GDPは「付加価値の合計」です。

❶ GDPは売上や生産額の合計ではない

GDPは原則として市場価格で計算するわけですが、単純に、売上や生産額を合計するわけではありません。

日本経済が1年間に500万円の自動車を1台だけ生産したと仮定しましょう。これは説明しやすくするための単純化です。この場合、日本のGDPは500万円です。なお、この自動車を作るために自動車メーカーは、ガラスメーカーからガラスを10万円で、タイヤメーカーからタイヤを15万円で購入し、鉄鋼メーカーから鉄を20万円で購入したとしましょう。

このとき、ガラスメーカーは10万円の生産額、タイヤメーカーは15万円の生産額、鉄鋼メーカーは20万円の生産額があります。

ガラスメーカー、タイヤメーカー、鉄鋼メーカー、自動車メーカーの生産額（売上）を単純に合計すると545万円になりますが、ではこれをGDPとしてよいのでしょうか？

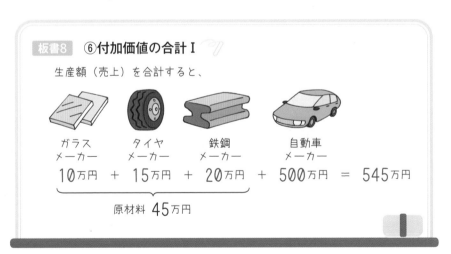

板書8 ⑥付加価値の合計 I

生産額（売上）を合計すると、

ガラス　　タイヤ　　鉄鋼　　　自動車
メーカー　メーカー　メーカー　メーカー
10万円 ＋ 15万円 ＋ 20万円 ＋ 500万円 ＝ 545万円

原材料 45万円

上の板書からわかるとおり、ガラスメーカーの生産額、タイヤメーカーの

生産額、鉄鋼メーカーの生産額を合わせた45万円は自動車を作るための原材料に当たります。この45万円は、自動車の生産額である500万円にも含まれているため、この計算では原材料の45万円を二重計算してしまい、自動車1台の生産額より45万円多くなってしまうのです。

❷ 付加価値とは？

　もう一度、慎重に考え直してみましょう。自動車メーカーは45万円の原材料を500万円の自動車にしたので、生産した価値は 500 − 45 = 455万円となります。

　付加価値とはこの455万円のことをいいます。つまり、生産額から原材料を差し引いたものを指します。

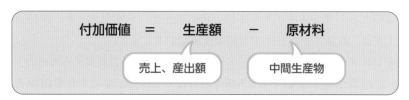

付加価値　＝　生産額　−　原材料

売上、産出額　　　　　中間生産物

　これを踏まえて、付加価値の合計という観点で先ほどの板書を修正してみましょう。

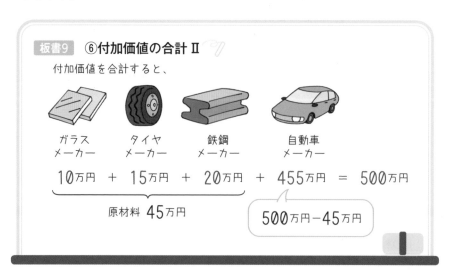

板書9　⑥付加価値の合計 Ⅱ

付加価値を合計すると、

ガラス　　　タイヤ　　　鉄鋼　　　　自動車
メーカー　メーカー　メーカー　　　メーカー

10万円 ＋ 15万円 ＋ 20万円 ＋ 455万円 ＝ 500万円

原材料 45万円

500万円−45万円

このように、付加価値を合計することによって原材料45万円の二重計算を防ぐことができ、500万円の自動車1台を生産した事実を正しく計算できるのです。

緑色は長所です！

7 まとめ

最後に、GDPの総まとめとして板書整理しておきましょう。

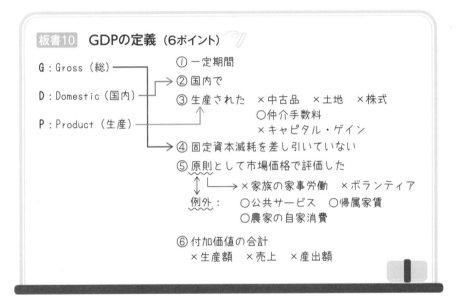

板書10 **GDPの定義**（6ポイント）

G：Gross（総）
D：Domestic（国内）
P：Product（生産）

① 一定期間
② 国内で
③ 生産された　×中古品　×土地　×株式
　　　　　　　○仲介手数料
　　　　　　　×キャピタル・ゲイン
④ 固定資本減耗を差し引いていない
⑤ 原則として市場価格で評価した
　　　　　　→×家族の家事労働　×ボランティア
　　例外：　　○公共サービス　○帰属家賃
　　　　　　　○農家の自家消費
⑥ 付加価値の合計
　　×生産額　×売上　×産出額

1 GDPという指標の限界

　GDPは原則として市場価格で価値を計算します。ですから、ボランティアには市場価格がないので計算に入れません。また、公害などによって損害が発生しても、市場価格がないので、GDPからその分を差し引くということはしません。

　このように考えると、GDPは市場価格に現れない価値や損害を計算に入れないので問題だという批判もあるわけです。ですが、公害による損害をGDPから差し引こうとした場合、公害によって生じた損害が何円分なのかをどのように計算するのでしょうか。また、ボランティアによって何円分の価値を生み出したのか、ということも同様にどのように計算するのでしょうか。おそらく、統一的な計算方法はないので、人によって金額が変わってしまうのではないでしょうか。

2 客観的な指標としての意義

　このように、評価が人によって変わってしまうことを「主観的」といい、主観的になってしまうと、GDPの値が計算する人によって異なってしまうので、結局誰もそのような統計は使わなくなってしまいます。だからこそGDPは、価値を原則として市場価格で計算するというルールを作り、誰が計算してもすでに市場価格があるので変わらないようにしたのです。

　このように誰が計算しても同じになることを「客観的」といいます。誰が計算しても同じ数字になるからこそ、いろいろと問題はあるものの、現在でもGDPはよく使われているのです。

Section 3

いろいろな価格が高いか低いかどう測る？　【物価】

こんなことを学習します

物価指数

ラスパイレス指数　　パーシェ指数

Section 3では物価の2つの役割と2つの計算方法について学びます。物価は、計算の仕方によって値が変わってしまうという深刻な問題点を抱えており、この2つの計算方法が公務員試験で問われますので、しっかり理解しておきましょう。

また、そのままの値である「名目」と物価の変動による影響を取り除いた「実質」の違いもマスターしましょう。

1　物価の2つの役割

「物価」には、次の2つの役割があります。

板書11　物価の役割

❶ 経済の体温：経済状態を理解する手がかりとしての役割

よい ―――――――― 景気 ―――――――― 悪い

上昇 ―――――――― 物価 ―――――――― 下落

・景気がよい
　⇒財を大量に購入する⇒財の価格上昇⇒価格の平均である物価も**上昇**
・景気が悪い
　⇒財を購入しない⇒財の価格下落⇒価格の平均である物価も**下落**

❷ 「名目」ではなく「実質」を求めるために用いられる

---

2 財の重要度を考えて価格を平均する【加重平均】

1 加重平均とは

　「物価」とはいろいろな財の価格の平均なのですが、単純に平均するわけではなく、財の重要度を考えて平均します。

　例えば、日本では米が主食ですので、米の値段が上がると大きな影響を受けます。ですから、米の価格の重要度は大きく、米の価格の変動が物価に大きな影響を与えるように計算します。これに対して、フランスではパンが主食ですのでパンの値段が上がると物価に大きく影響するように計算します。このように重要度を考えて平均することを加重平均といいます。

> 要素ごとの重みを加えて平均することから「加重平均」という言い方をします。

2 物価指数

　例えば、加重平均値である物価が16,959円だったとします。このとき、「16,959円」といわれても何の価格を意味しているのか不明なため、この数値をどのように受け止めたらいいかわからなくなってしまいます。

　ですから、物価の表現方法はそのように平均値そのものを表すのではなく基準の年の値を100として、それに対してある年の物価が20％上昇していれば120と表現し、5％下落していれば95と表現します。このような表現方法を「物価指数」といいます。

> 物価は財の価格の平均といっても、世の中の全部の財の価格を調べるのは面倒ですから、重要度が高く継続調査が可能な財の価格を選んで計算します。

3 財の重要度の計算方法は2つある

1 財の重要度

　説明したとおり、物価指数とは、以前と比べていまの価格の平均値がどのように変化したかを表すものです。その平均の際に財の重要度を考慮するわけですが、以前といまとでは財の重要度が変わっていることが多いでしょう。ここでは、板書12 のような単純なケースを考えてみます。

板書12　**単純化したJ国の経済**				
	工業製品		農作物	
	価格	数量	価格	数量
2000年（基準年）	5万円	100台	5万円	100箱
2022年（比較年）	6万円	120台	4万円	80箱

　J国では、工業製品と農作物の2種類の財を生産しています。「価格」は工業製品1台当たり、農作物1箱当たりの価格を、「数量」はそれぞれの財が1年間に生産された量を示しています。

> この「数量」は、「生産量」、「取引量」、「消費量」などと表現されることもありますが、示している内容は同じです。

　2000年には工業製品が100台生産されて1台5万円で販売され、農作物は100箱生産されて1箱5万円で販売されていました。ところが、2022年には、工業製品の生産量は120台に増加して価格も6万円に上昇しましたが、農作物の生産量は100箱から80箱に減少して価格も5万円から4万円に下がったとしましょう。

物価は2つの時点で比べるのですが、以前の時点を「基準年」と呼んでその年の物価を100とし、新しい年を「比較年」と呼びます。

2 ラスパイレス指数とパーシェ指数

物価の計算方法はいくつかありますが、ここではラスパイレス指数とパーシェ指数を紹介します。 板書12 の数値例に基づいて説明しましょう。

2000年、つまり基準年の数量（工業製品100台、農作物100箱）を買ったとして昔の基準年の価格（工業製品5万円、農作物5万円）のときの金額に比べて、新しい比較年の価格のときの金額（工業製品6万円、農作物4万円）だと何倍になっているのかを計算するのが**ラスパイレス指数**です。

これに対して、2022年、つまり新しい年（比較年）の数量（工業製品120台、農作物80箱）を買ったとして基準年の価格のときの金額（工業製品5万円、農作物5万円）に比べて、新しい比較年の価格のときの金額（工業製品6万円、農作物4万円）だと何倍になっているのかを計算するのが**パーシェ指数**です。

4 消費者物価指数とGDPデフレータ

1 消費者物価指数とGDPデフレータ

物価指数には、ラスパイレス指数とパーシェ指数という計算方法の違いのほかに、どの財の価格を調べるのかという調査対象による違いもあります。私たち消費者が買う段階での財の価格を調査対象とするのが消費者物価指数です。これとは別に内閣府から3か月に1回、GDPと同時に発表され、GDP（国内総生産）を計算する際に利用する物価指数としてGDPデフレータというものがあります。

2 消費者物価指数とGDPデフレータの違い

　私たちが買って消費する製品の中には海外からの輸入品も入っているので、消費者物価指数は輸入製品の価格も調査対象に含んでいます。

　一方、GDPデフレータは国内で生産した付加価値の価格の平均値になるので、輸入製品を調査対象としていません。

　両者にこのような違いがあることに注意しましょう。

> GDPデフレータはGDP（国内総生産）の計算に用いられる物価指数であることからもわかるとおり、計算の対象とする価格の範囲はGDPと同じです。Section 2の復習になりますが、❶一定期間に、❷国内で、❸生産された、❹固定資本減耗を差し引いていない、❺原則として市場価格で表示した、❻付加価値の合計、となります。

3 計算方法による傾向的な違い

　ちなみに、消費者物価指数は基準年の数量を基準としたラスパイレス指数、GDPデフレータは新しい比較年の数量を基準としたパーシェ指数で計算されます。

　この計算方法の違いから、ラスパイレス指数である消費者物価指数のほうがパーシェ指数であるGDPデフレータよりも物価上昇率が高めに計算されるということも覚えておきましょう。

　それでは、消費者物価指数とGDPデフレータについて板書に整理しておきましょう。

板書13　消費者物価指数とGDPデフレータ

	消費者物価指数	GDPデフレータ
計算方式	ラスパイレス指数	パーシェ指数
特徴	ラスパイレス指数のほうが物価上昇率が高めに計算される	
サービスも含むか	○　物・サービス	○　物・サービス
段階	消費者の購入（小売）段階	生産段階
輸入品を含むか	○　含む	×　含まない
作成・発表	総務省	内閣府
発表頻度	毎月	3か月ごと

5　名目と実質

1　「名目」と「実質」の意味

　名目とは調整する前の金額や利子率などのことをいいますが、これではわかりにくいので具体例でお話しましょう。

　例えば1時間のアルバイト代が1,000円から2,000円と2倍になったとしましょう。調整する前の金額が2倍になりましたので「**名目賃金率が2倍になった**」といいます。

> 賃金率とは1時間、1か月、1年といった<u>単位時間当たりの賃金</u>のことです。賃金とは賃金率×働いた時間という関係になります。ですから時給1,000円で3時間働いて3,000円もらった場合には、賃金率は1,000円、賃金は3,000円となります。

　しかし、このときに、すべての財の価格が2倍となり物価が2倍になっていたらどうでしょう。こうなると、時給が2倍になっても物価も2倍になってしまっていますから、以前と買うことができる財の量は変わらなくなり、

54

「実質的」には生活は豊かになっていないことになります。つまり、このときの「実質」とは「金額」ではなくて「財を何個買えるか」という意味になります。

板書14　名目と実質

賃金率が **2倍** になった　➡　名目賃金率は **2倍**

ただし

物価も **2倍** になった　➡　実質賃金率は **変化なし**

◆3時間働いた賃金で財を何個買えるか？

	賃金率	賃金	財の価格	財を買える個数
上昇前	1,000円	3,000円	100円	3,000円÷100円＝30個
上昇後	2,000円	6,000円	200円	6,000円÷200円＝30個

名目賃金率が2倍になっても、財を買える個数は変わらない
（＝実質賃金率は変化していない）

---

2 名目GDPと実質GDP

　いま、「名目賃金率」と「実質賃金率」という言葉を例に、「名目」と「実質」の違いを説明しましたが、この言葉は賃金率以外に対しても同じ意味で使われます。

　GDPの増加率を経済成長率といいますが、その際のGDPは名目GDPではなく、物価の変動を調整した実質GDPを使います。生産量が変わらなくても、物価が2倍になればGDPの金額（名目GDP）は2倍になります。物価の上昇によって名目GDPは水増しされてしまっているのです。

　生産量としての実質GDPは、名目GDPを物価で割ることによっても求めることができます。つまり、実質〇〇＝$\dfrac{名目〇〇}{物価}$　という関係になります。

CHAPTER 1　過去問チェック！

●次の各記述が妥当かどうか（○か×か）を判断しなさい。

問1　Section 2 ②

　1億円の土地が売買され、その取引を仲介した不動産業者に10％の手数料が支払われた場合、この取引による土地の代金及び仲介手数料はGDPに計上される。

国家一般職2002

問2　Section 2 ②

　日本の企業がアメリカへ進出し、そこに工場を建てて生産を行った場合、現地で雇用したアメリカ人労働者が得た所得は、アメリカのGDPを増加させるが、日本から派遣された日本人労働者が得た所得は、日本のGDPを増加させることになる。

国家一般職2002

問3　Section 2 ②

　GDPは、国内のあらゆる生産高（売上高）を各種経済統計から推計し、これらを合計したものである。例えば、農家が小麦を生産してこれを1億円で製造業者に販売し、製造業者がこれを材料にパンを製造して3億円で消費者に販売すれば、これらの取引でのGDPは4億円となる。

国家一般職2006

●次の問題の正解を❶〜❺から選びなさい。

問4 Section 2 ❷

　次のA〜Eの記述のうち、国内総生産（GDP）に含まれるものの組合せとして、妥当なのはどれか。

A　土地や株式の取引における仲介手数料
B　保有資産の価格が変動することによって得られるキャピタル・ゲイン
C　警察、消防、国防といった政府が提供する公共サービス
D　農家が自分で生産したものを市場に出さないで自分で消費する農家の自家消費
E　掃除、洗濯、料理といった主婦又は主夫による家事労働

❶　A　B　D
❷　A　C　D
❸　A　C　E
❹　B　C　E
❺　B　D　E

特別区Ⅰ類2018

　わが国のGDPデフレータと消費者物価指数に関する次のア～エの記述のうち、適当なもののみをすべて挙げているのはどれか。

ア　GDPデフレータと消費者物価指数は、対象とする財・サービスに違いはあるが、計算方法は同じである。

イ　GDPデフレータは四半期ごとに、消費者物価指数は月ごとに公表される。

ウ　地価の変動は、消費者物価指数には影響しないが、GDPデフレータには影響する。

エ　2000年から2005年にかけて、消費者物価指数よりもGDPデフレータの方が下落率は大きかった。

1　ア、イ

2　イ、ウ

3　ウ、エ

4　ア、ウ

5　イ、エ

裁判所2011

解答

問1 ✕　仲介手数料はGDPに計上されますが、土地の代金は計上されません。土地はその期間に「生産された」ものではないからです。

問2 ✕　この日本企業の工場はアメリカ国内にあるため、そこで雇用されているのがアメリカ人であろうと日本人であろうと、労働者が得た所得はアメリカのGDPに計上されます。GDPがどの国に計上されるかは、生産を行った場所がどの国かによります。

問3 ✕　GDPは生産高ではなく付加価値を合計したものです。この問題のGDPを4億円と計算してしまうと、農家が生産した小麦（原材料）の1億円を二重に計上してしまうことになります。製造業者が生み出した付加価値は、パンの生産高からこの原材料の1億円を差し引いた2億円となるため、正しい計算は以下のとおり、3億円となります。

　　1億円【小麦】＋（3億円−1億円）【パン】＝3億円

問4 **正解2**

A ○　土地や株式の取引自体はGDPに含みませんが、仲介サービスは今年生産したので、今年のGDPに加えます。

B ✕　キャピタル・ゲイン（資産価格の上昇による利益）は何かを生産したわけではないので、GDPに加えません。

C ○　公共サービスには市場価格がありませんが、例外的にかかった費用の分だけ価値を生産したと考えてGDPに加えます。

D ○　農家の自家消費も市場価格がありませんが、例外的にGDPの計算に加えます。

E ✕　主婦または主夫による家事労働には市場価格がないので、原則に従ってGDPの計には加えません。

この過去問に挑戦してみると、GDPの意味を「国内総生産」という字面だけで捉えるのではなく、本編で紹介した6ポイントでしっかり理解しないと正解を導き出せないことがわかります。

問5 **正解5**

ア ✕ GDPデフレータはパーシェ指数、消費者物価指数はラスパイレス指数の計算方法であり、両者の計算方法は異なっています。

イ ◯ 正しい記述です。

ウ ✕ GDPデフレータとGDP（国内総生産）は、どちらも同じ範囲を対象として算出されます。「地価」とは土地の価格のことですが、例えば株や土地などの資産価格が値上がりして得た利益は、何かを生産して得られたわけではないのでGDPデフレータやGDPの計算には入れません。つまり、地価が変動してもGDPデフレータには影響がありませんから誤った記述ということになります。

エ ◯ 時事問題のように見えるかもしれませんが、指数の特徴を押さえておけば判断できる記述です。 板書13 でも整理したとおり、ラスパイレス指数である消費者物価指数のほうが、パーシェ指数であるGDPデフレータに比べて物価上昇率は高めに計算されるので、物価下落時には下落率が小さくなります。したがって、物価下落時には、パーシェ指数であるGDPデフレータのほうがラスパイレス指数である消費者物価指数より下落率は大きくなるので、正しい記述です。

記述エの判定ができなくてもア～ウが判定できれば、消去法で正解が⑤とわかります。

GDPはどう決まる？

―財市場の分析―

ここから本格的なマクロ経済学の理論的な内容に入っていきます。オリエンテーション編でも登場したケインズの「有効需要の原理」から出発して、財の取引が行われる市場がどのようなメカニズムで動いているのかを見ていきましょう。

Section 1 有効需要の原理をグラフで説明したい！

こんなことを学習します

物価は一定と仮定した。すると…

CHAPTER 2 では、「45度線分析」というアプローチが登場します。これは、オリエンテーション編で学んだ「需要の大きさが生産水準を決めて雇用量を決める」という有効需要の原理をグラフで視覚的に説明する方法です。まずは、45度線分析の説明に入る前に、「有効需要の原理」の復習から始めましょう。

1 【復習】古典派の主張

　ケインズの「有効需要の原理」以前の経済学の主流である「古典派」の学者たちは、不況で財（物やサービス）の売れ残りや失業が生じている場合でも、やがて物価が下がれば財の需要が増えるので、売れ残りがなくなり、また、労働市場でも賃金率が下がれば失業もなくなるから、政府は何もしなくてよい、と考えました。

2 【復習】ケインズ派の主張

これに対しケインズ派は、売れ残りや失業がなくなるまで物価や賃金率が下がるのは現実的ではないと考え、物価や賃金率を一定と仮定します。

そう仮定すると、

 不況で需要が減って売れ残りが出ても物価は下がらないので、**売れ残りが続いてしまいます。**

 売れ残るものを生産しても仕方がないので、**企業は生産量を減らします。**

 生産量を減らせば労働者は余ってしまいますので企業は雇用削減を行い、**失業が発生します。**

❹ 失業が長期間続くと困るので、政府が公共工事などの財政支出をして需要を増やします。

❺ それによって企業の生産活動を活発にし、その結果、雇用量も増えて**失業がなくなります。**

このように、需要の大きさが生産活動を決め雇用量も決めるという考えを「有効需要の原理」といいましたね。

 不況で売れ残りが生じたときに、古典派は物価や賃金率が下がると考えたけれど、ケインズ派は物価や賃金率が下がらないと仮定している点がポイントです。

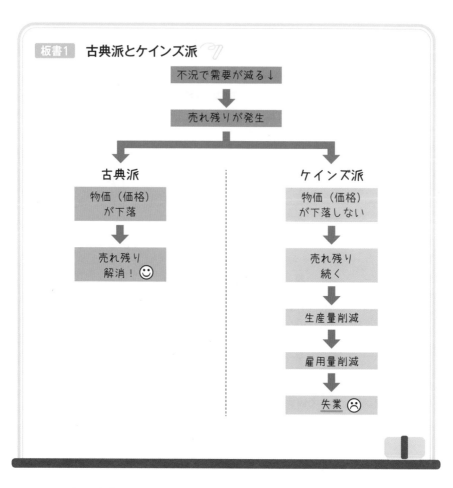

板書1 **古典派とケインズ派**

不況で需要が減る↓

↓

売れ残りが発生

古典派

物価（価格）
が下落

↓

売れ残り
解消！ ☺

ケインズ派

物価（価格）
が下落しない

↓

売れ残り
続く

↓

生産量削減

↓

雇用量削減

↓

失業 ☹

　このような有効需要の原理をグラフで表そうとサミュエルソンという学者が考案したのが45度線分析です。

有効需要の原理はケインズが考えましたが、45度線分析を考案したのはサミュエルソンという別の人です。

45度線の正体は？

【総供給】

マクロ経済学

CH 2

G
D
P
は
ど
う
決
ま
る
？
　
―
財
市
場
の
分
析
―

こんなことを学習します

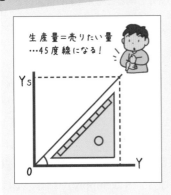

生産量＝売りたい量
…45度線になる！

有効需要の原理の主役である需要を検討する前に、需要のかげに隠れがちな総供給（国全体の売りたい量）はどのように決まるのかを考えます。

1　国民所得とGDP

　まず、CHAPTER 1で学習したGDPについて考えてみましょう。GDP（国内総生産）は国内で生産された付加価値の合計額ですから、生産額から原材料など中間生産物を引いた残りだと学習しました。この残りの分が、企業が生産に当たって生み出した付加価値に当たるわけです。

　商品が消費者に売れると、対価として企業はお金を受け取ります。このうち原材料や中間生産物にかかった費用を差し引いた残りがGDPですから、**GDPとはおおまかにいえば、株主や労働者の所得と考えることもできます。**ですから広い意味での国民所得と呼ばれます。

　例えば、生産額が100万円で原材料に40万円支払ったとすると、付加価値は100万円から40万円を引いた60万円です。この60万円が生産に貢献した労働者と株主に分けられ、所得の合計ということになります。

これから先の理論分野では、国民所得とGDP（国内総生産）は同じものとして話を進めます。

> 国民所得とは、狭い意味ではNI（National Income）という統計を指しますが、統計の問題以外の理論問題では、国民所得という場合、もっと広く、GDP（国内総生産）やGNP（国民総生産）を表します。多くの問題では広い意味での国民所得はGDPと同じと考えておけばよいでしょう。

2 総供給

1 総供給とは

次に、「総供給」について考えます。「総供給」とは、経済全体での財の供給（売りたい量）のことで、通常、Y_Sと書きます。SはSupply（供給）、YはYield（生産）の頭文字です。この総供給（Y_S）と国民所得（GDP）との関係を考えましょう。国民所得（GDP）はYで表します。

企業は供給する（＝売る）ために生産していますから、100兆円だけ（付加価値を）生産したら100兆円全部売りたいでしょうし、200兆円生産したら200兆円全部売りたいでしょう。また、生産量が0であれば売る物がありませんから売りたい量も0となります。つまり、生産した量であるGDP（Y）と売りたい量（Y_S）は同じになるわけです。

2 総供給のグラフ

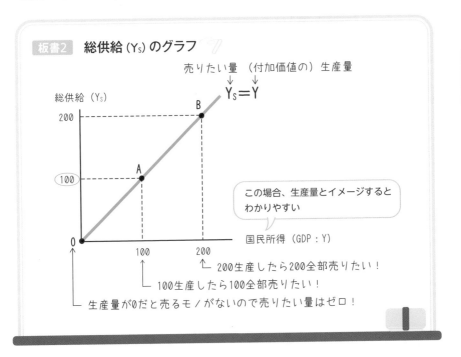

板書2 総供給 (Y$_S$) のグラフ

売りたい量　（付加価値の）生産量
↓　　　　　　　↓
$$Y_S = Y$$

総供給 (Y$_S$)

200 ········ B

100 ···· A

この場合、生産量とイメージすると
わかりやすい

O　　　100　　200　　国民所得（GDP：Y）

└ 200生産したら200全部売りたい！

└ 100生産したら100全部売りたい！

└ 生産量が0だと売るモノがないので売りたい量はゼロ！

横軸を国民所得（GDP：Y）、縦軸を総供給（Y$_S$）とします。生産した量（国民所得：Y）と売りたい量（Y$_S$）は同じですから、

- 横軸の国民所得（Y）が0のとき、縦軸の総供給（Y$_S$）も0（点O）
- 横軸の国民所得（Y）が100のとき、縦軸の総供給（Y$_S$）も100（点A）
- 横軸の国民所得（Y）が200のとき、縦軸の総供給（Y$_S$）も200（点B）

このような国民所得（GDP：Y）と総供給（Y$_S$）の関係は点O、A、Bを結んだ右上がりの直線となります。この直線は縦軸と横軸の値が同じなので、傾きは45度になります。この45度の線（Y$_S$）を使うので、これから説明する分析方法は45度線分析と呼ばれるのです。

需要とは具体的にはナニ？
【総需要】

有効需要の原理は「需要の大きさが生産量を決め、雇用量も決める」と考えるので、需要の大きさが景気を左右します。ここでは、その需要を構成する要素は何かを理解し、どのようにしたら需要の大きさを増やしたり減らしたりできるかを考えます。

1　需要は何で構成されているか？

　需要には、消費、投資、政府支出などがあるので、需要を構成している要素を１つずつ説明しましょう。

1　消　費

❶　ケインズ型消費関数

　まずは、日本の総需要約540兆円の半分以上を占める消費から説明しましょう。消費とは、例えば、コンビニで飲み物を買ったり（商品という物の消費）、電車に乗ったり（輸送サービスの消費）することです。

　ケインズは「国全体の国民所得が増えて豊かになれば、国全体の消費は増える」と考えます。消費は英語でConsumptionなのでC、所得は英語でYieldなのでYで表すと、消費と国民所得との関係は例えば、

　　$C = 100 + 0.8Y$（C：消費、Y：国民所得）

のようになります。では、この式を詳しく説明しましょう。

C＝100＋0.8Yのように、所得と消費の関係を表した数式を「ケインズ型消費関数」といいます。「ケインズ型消費関数」というと難しそうですが、「ケインズさんが考えた消費量と何かの数の関係を表す式」ということです。

❷ ケインズ型消費関数をグラフで確認

まずは、C ＝ 100 ＋ 0.8Yのグラフを 板書3 に描いてみましょう。

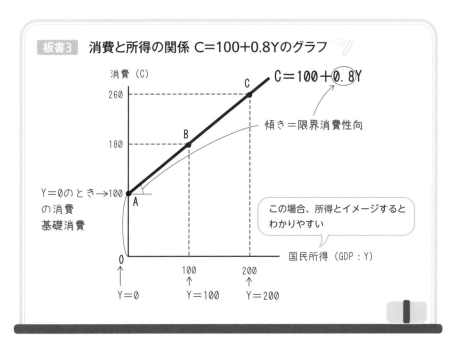

板書3 **消費と所得の関係 C＝100＋0.8Yのグラフ**

$$C = 100 + 0.8Y$$

傾き＝限界消費性向

Y＝0のとき→100 の消費
基礎消費

この場合、所得とイメージするとわかりやすい

国民所得（GDP：Y）

Y＝0　　Y＝100　　Y＝200

横軸を国民所得（GDP：Y）、縦軸を消費（C）とします。

横軸の国民所得（GDP：Y）が0のとき、縦軸の消費（C）の値がどうなるかというと、C ＝ 100 ＋ 0.8YのYに0を代入して、消費（C）＝ 100 ＋ 0.8 × 0 ＝ 100となります（点A）。所得が0であっても消費しないと死んでしまうので、この所得が0のときの消費量100は生存に必要な基礎的な消費というこ

とで「基礎消費」と呼ばれます。

　横軸の国民所得（Y）が100に増えると、縦軸の消費（C）＝ 100 ＋ 0.8 × 100 ＝ 180と消費も増えます（点B）。さらに、横軸の国民所得（Y）が200に増えると、縦軸の消費（C）＝ 100 ＋ 0.8 × 200 ＝ 260と消費もさらに増えます（点C）。

❸　限界消費性向

　これらの点A、B、Cを結ぶと、国民所得（Y）と消費（C）の関係を表す消費関数を右上がりの直線としてグラフ化することができます。このグラフは、横に国民所得（Y）が100増えると縦軸の消費（C）は80増えています。

　数学で１次関数を学習したときのことを思い出してほしいのですが、「横に１増えたときの縦の増加分」のことを「傾き」と呼びました。このグラフだと「横に所得（Y）が１増えると縦の消費（C）は0.8増える」ので、傾きは0.8です。

　この「所得が１増えたときの消費の増加量」を「限界消費性向」といい、限界消費性向は消費関数のグラフの傾きとなります。

❹　消費関数の一般化

　ところで、いままでC ＝ 100 ＋ 0.8Yとしましたが、国によって、C ＝ 10 ＋ 0.9Yだったり、C ＝ 200 ＋ 0.95Yだったりと基礎消費と限界消費性向の値は異なります。そこで、どんな国にも当てはまるように、基礎消費をc_0（ただし、c_0は大きい定数）、限界消費性向をc_1（ただし、$0 < c_1 < 1$）のように文字で表すこともあります。その場合、消費関数は、

　　　$C = c_0 + c_1 Y$　（C：消費、Y：所得、c_0, c_1は定数、$c_0 > 0$, $0 < c_1 < 1$）

のように書かれます。

> このように文字式だらけで書かれてしまうと難しく感じてしまうのですが、そういうときには、「c_0, c_1は定数で、$c_0 > 0$なのでc_0は100、$0 < c_1 < 1$なのでc_1は0.8」といったように具体的な数字を入れて、「C＝100＋0.8Y」のように自分で置き換えるとわかりやすくなります。

❺ 可処分所得

　いままでの消費の話の中では税金が出てきませんでしたが、これは暗黙のうちに**政府がない**という単純な世界を仮定しているためです。しかし実際には政府が税金を徴収するので私たちが使えるお金は**国民所得（Y）から税金（T：Tax）を引いたもの**になります。これをわたしたちが処分可能な所得という意味で**可処分所得**と呼びます。これを考慮すると消費関数の式は次のように修正されます。

> 政府がない単純な世界
> $C = 100 + 0.8Y$
> $C = c_0 + c_1 Y$

> 政府が税金（T）を徴収する世界
> $C = 100 + 0.8 (Y - T)$
> $C = c_0 + c_1 (Y - T)$

2 投　資

　次に、総需要の2番手である投資に話を変えましょう。経済学では、企業が工場を建てたり機械を購入したりするシーンを想像しましょう。工場を建てるにせよ機械を購入するにせよ、投資も財を需要するので需要の構成要素となります。

　ただ、消費にはすぐに消える財であるイメージがあるのに対して、投資には機械を買ったり住宅を購入したりと、将来にわたって利益をもたらす財の需要というイメージがあります。

　いま投資の動きまで考えると話が面倒なので、議論の単純化のため、**投資は一定で動かない**と仮定します。なお、投資は英語でInvestmentなのでIと表します。

3 政府支出

　総需要の3番手は政府支出です。政府も物を買ったり、公共事業などで工事というサービスを購入したりして企業へ注文を出します。

　政府が一定にコントロールできますので**政府支出は一定**と仮定します。なお、政府支出は英語でGovernment ExpenditureなのでGと表します。

2 総需要（Y_D）

総需要（Y_D）の構成要素はいま見てきた国内の消費、投資、政府支出の3つとなります。

$$Y_D = C + I + G$$

総需要　　　消費　　　投資　　　政府支出

 海外との取引を想定すると、これ以外に輸出（EX）、輸入（IM）を考慮する必要が生じますが、ここでは取り扱わないこととします。

板書4　**総需要 Y_D＝C＋I＋G のグラフ**

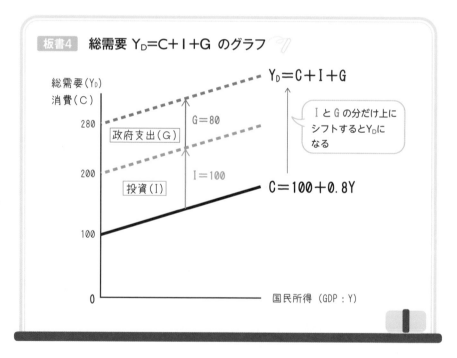

ここで、投資（I）と政府支出（G）は一定ですので、それぞれ、投資（I）＝100、政府支出（G）＝80とし、消費（C）はC＝100＋0.8Yであるとしましょう。すると、総需要（Y_D）＝消費（C）＋投資（I）＋政府支出（G）です

から、グラフにすると、板書4 にあるように、消費関数C＝100＋0.8Yの右上がりの直線を、投資（I）の100と政府支出（G）の80の分だけ上に移動した右上がりの直線Y_Dとなります。

Y_D＝C＋I＋G
    ＝100＋0.8Y＋100＋80
    ＝0.8Y＋280
ですから、縦軸切片（横軸が0のときの値）が280、傾きが0.8の右上がりの直線となります。

Section 4
いよいよ国民所得の決定!!
【45度線分析】

こんなことを学習します

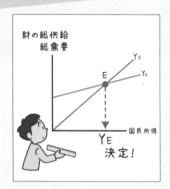

総供給（Y_S）のグラフと総需要（Y_D）のグラフを同時に描いて、いよいよ国民所得（GDP）がどのように決まるのかを考えます。

1　総供給と総需要のグラフ

板書2（P.101）で描いた総供給（Y_S）と国民所得（GDP：Y）の関係を示す45度線のグラフと、板書4（P.106）で描いた総需要（Y_D）と国民所得（GDP：Y）の関係を示すグラフを板書5に同時に描きます。

45度の総供給（Y_S）のグラフは、縦軸を総供給（Y_S）と考えて、横軸（Y）と縦軸（Y_S）の関係を示す原点を通る45度の直線（——）を描きます。次に、総需要（Y_D）のグラフは、縦軸を総需要（Y_D）と考えて、横軸（Y）と縦軸（Y_D）の関係を示す総需要（$Y_D = C + I + G$）の直線（——）を描きます。

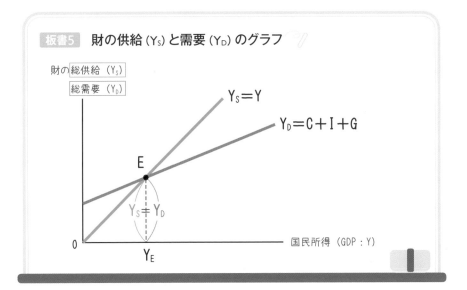

板書5 財の供給 (Y_S) と需要 (Y_D) のグラフ

財の 総供給 (Y_S)
総需要 (Y_D)

$Y_S = Y$

$Y_D = C + I + G$

E

$Y_S = Y_D$

0

国民所得 (GDP:Y)

Y_E

2 国民所得の決まり方

それでは 板書5 を使って国民所得 (GDP:Y) がどのように決まるのかを 板書6 、 板書7 で説明しましょう。まず上の 板書5 を見てください。

Y_S 線と Y_D 線の交点Eの国民所得 (Y_E) を**均衡国民所得**と呼びます。なぜなら、横軸が Y_E の大きさのとき、縦軸の総供給は Y_S 線より点Eの高さであり、総需要も Y_D 線より点Eの高さと等しく、総供給 (Y_S) ＝総需要 (Y_D) と均衡させる国民所得の大きさだからです。国民所得 (GDP:Y) はこの Y_E に決まるのですが、次の 板書6 でその説明をしましょう。

1 国民所得がY_Eよりも大きいとき

いま、横軸の国民所得がY_1という、交点Eに対応するY_Eよりも大きな値であるとします。国民所得がY_1のときの総供給は点A、総需要は点Bの高さであるとわかります。点Aのほうが高い位置にあり、企業は点Aの分だけ売りたがっているのに、需要は点Bまでしかない、つまりABの分だけ超過供給 (売れ残り) が発生している状況です。

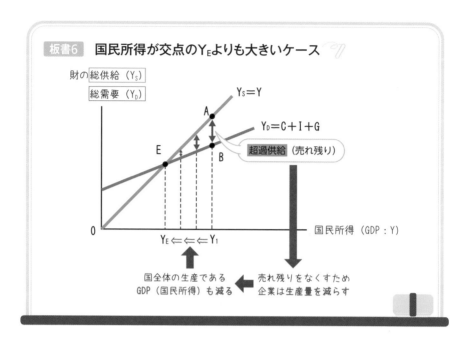

板書6 国民所得が交点のYₑよりも大きいケース

財の 総供給（Yₛ）
総需要（Y_D）

$Y_S = Y$

A

$Y_D = C + I + G$

E
B

超過供給（売れ残り）

0

国民所得（GDP：Y）

$Y_E \Leftarrow \Leftarrow \Leftarrow Y_1$

国全体の生産である
GDP（国民所得）も減る

売れ残りをなくすため
企業は生産量を減らす

❶ 超過供給によりGDPが減少

　物価は一定であると考えますので、超過供給は自然に解消しません。売れ
ないものを生産していても仕方ないですから、企業はやむなく生産量を減ら
します。

　すると $Y_S = Y$、つまり企業が供給する量がそのまま国民所得であるため、
生産量を減らすということは国民所得を減少させることにもなるわけです。

❷ 均衡国民所得まで減少

　ではどこまで減少するのかというと、超過供給が解消されるポイントまで
です。$Y = Y_E$ まで減少すると、Y_S はEの高さ、Y_D もEの高さで一致します。
点Eでは $Y_S = Y_D$ となり、超過供給が解消されているため、Yの減少はここ
でストップすることになります。

② 国民所得がY_Eよりも小さいとき

次は逆に、横軸の国民所得が**Y₂**という、交点Eに対応する**Y_Eよりも小さ**い値であるとします。国民所得がY_2のときの総供給は点G、総需要は点Fの高さであるとわかります。点Fのほうが高い位置にあり、消費者は点Fの分だけ買いたがっているのに、供給は点Gまでしかない、つまりFGの分だけ超過需要（物不足）が発生している状況です。

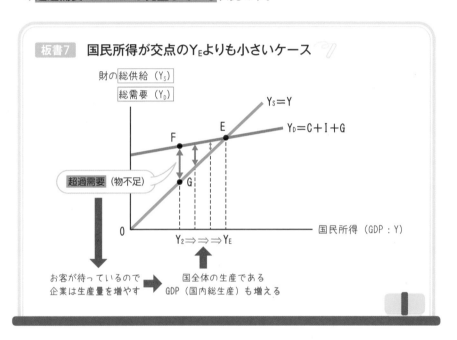

板書7 国民所得が交点のY_Eよりも小さいケース

財の総供給（Y_S）
総需要（Y_D）

$Y_S=Y$

$Y_D=C+I+G$

超過需要（物不足）

国民所得（GDP：Y）

$Y_2 \Rightarrow \Rightarrow \Rightarrow Y_E$

お客が待っているので企業は生産量を増やす → 国全体の生産であるGDP（国内総生産）も増える

❶ 超過需要によりGDPが増加

物価は一定であると考えますので、超過需要は自然に解消しません。市場には買いたくて待っているお客がいますから、企業は生産量を増やします。

すると$Y_S=Y$、つまり企業が供給する量がそのまま国民所得であるため、生産量を増やすということはGDPを増加させることにもなるわけです。

❷ 均衡国民所得まで増加

　ではどこまで増加するのかというと、超過需要が解消されるポイントまでです。Y＝Y_Eまで増加すると、Y_SはEの高さ、Y_DもEの高さで一致します。点EではY$_S$＝Y$_D$となり、超過需要が解消されているため、Yの増加はここでストップすることになります。

3 まとめ

　以上が、45度線分析による国民所得の決定の説明です。古典派の考える世界であれば、物価による調整機能によって自動的に超過需要や超過供給が解消しますが、物価一定を仮定するケインズ派の世界では、総供給と総需要が等しくなるということはありません。

　代わりに、現実の需要量に合わせて企業が生産量を調整することによって、超過供給や超過需要が解消します。そして、最終的に総供給＝総需要となる国民所得（GDP：Y）の大きさY_Eに落ち着きます。

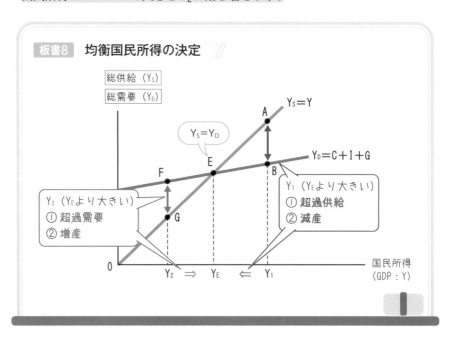

板書8　均衡国民所得の決定

3 均衡国民所得と完全雇用国民所得

1 過少雇用均衡

　均衡国民所得は、財市場の需要と供給がつり合っており、財に関しては無駄のない状態が実現されている国民所得といえます。

　しかしここで勘違いをしてはいけないのは、<mark>財市場の需要と供給が等しいからといって望ましい状況とは限らない</mark>ということです。

　例えば、景気が悪くなって総需要が減ってしまい、超過供給（売れ残り）が生じたとします。売れ残りをなくすために企業は生産量を減らします。この作用によって均衡国民所得が実現され、財市場は無駄のない状態となります。しかしこのとき、企業が生産量を減らしたことによって雇用量も減りますから、失業が発生します。このように、<mark>財市場は均衡しているのに雇用量が少なくて失業が発生するような状態</mark>を過少雇用均衡といいます。

2 完全雇用国民所得

　<mark>失業がない状態</mark>を「完全雇用」といいますが、<mark>完全雇用を実現する国民所得（GDP）</mark>を「完全雇用国民所得（完全雇用GDP）」と呼びます。

　「完全雇用国民所得」は雇用量が充分に多いということですから、かなり大きな国民所得（GDP）であるはずです。現実の国民所得が完全雇用国民所得よりも小さい、つまり、生産水準が低いときには、雇用量も少なく失業が発生します。

　つまり、<mark>過小雇用均衡が生じる場合というのは、財市場が均衡するように決まる現実の国民所得が、完全雇用国民所得よりも小さい</mark>のです。

なお、完全雇用とは英語でfull employmentですので完全雇用国民所得（GDP）はY_FとかY_fと表すことが多いようです。

4 世界大恐慌やコロナショックで失業が増加する理由

1 不況のときに失業が発生するのはなぜ?

　ここまで学習してきた45度線分析を当てはめることで、不況のときに総需要が減って失業が発生するということを、経済学的に理解することができます。

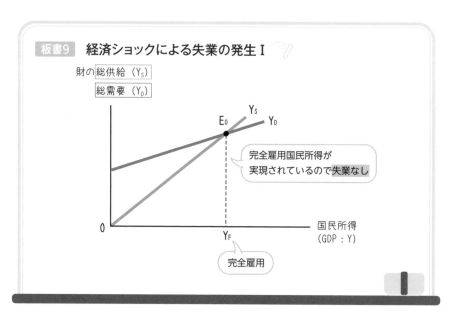

板書9　経済ショックによる失業の発生Ⅰ

財の 総供給（Y_S）
総需要（Y_D）

Y_S
E_0
Y_D

完全雇用国民所得が
実現されているので失業なし

0
Y_F
国民所得
（GDP：Y）

完全雇用

　いま、完全雇用国民所得が実現されており、総需要がY_Dであったとしましょう。完全雇用国民所得なので、失業が生じていない状態です。このときの国民所得はY_SとY_Dの交点E_0のYに決まりますが、完全雇用国民所得（GDP）なのでY_Fとしましょう。

　そこに突然、世界大恐慌の原因となった株価の大暴落やコロナショックによる総需要（消費や投資）の減少が起こったとします。この総需要の減少は、グラフ上ではどのような変化として見て取れるでしょうか。

❷ 総需要のシフトによる均衡国民所得の減少

学習したとおり、総需要は$Y_D = C + I + G$と表すことができました。当初、完全雇用国民所得が実現されている状態では、

$C = 100 + 0.8Y$

$I = 100$（一定）

$G = 80$（一定）

だったとします。すると、

$Y_D = C + I + G$

$\quad = 100 + 0.8Y + 100 + 80$

$\quad = 0.8Y + 280$

であったことになります。ところが、不況が訪れたことで、例えば企業の投資（I）だけが30減少したとしましょう。投資が減少したあとの総需要を$Y_D{'}$とします。そうすると、

$Y_D{'} = C + I + G$

$\quad = 100 + 0.8Y + 70 + 80$

$\quad = 0.8Y + 250$

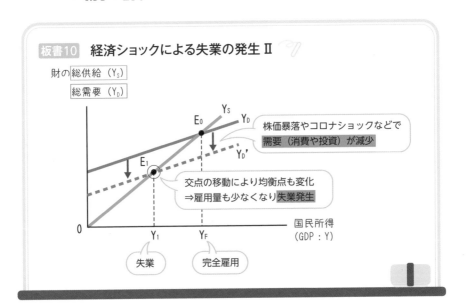

板書10　**経済ショックによる失業の発生 Ⅱ**

財の 総供給（Y_S）
総需要（Y_D）

E_0　Y_S　Y_D

株価暴落やコロナショックなどで需要（消費や投資）が減少

$Y_D{'}$

E_1

交点の移動により均衡点も変化
⇒雇用量も少なくなり 失業発生

0　Y_1　Y_F　国民所得（GDP：Y）

失業　　完全雇用

Y_D から Y_D' への変化というのは、総需要線を Y_D から Y_D' のように下に移動させます。Y_S は動かないので、交点がずれていくことになります。その結果、国民所得は Y_D' と Y_S の交点 E_1 の国民所得 Y_1 へと減少します。

　Y_1 は完全雇用国民所得である Y_F よりも小さいので、生産水準が低く雇用量も少ない状態になっています。その結果失業が発生することになるのです。

Section 5

■ CHAPTER 2　GDPはどう決まる？　―財市場の分析― ■

不況になると景気対策をするのはなぜ？【デフレ・ギャップ】

マクロ経済学

CH 2
GDPはどう決まる？　―財市場の分析―

こんなことを学習します

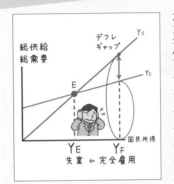

不況になると、景気対策として政府支出の拡大などが行われますが、その根拠について45度線分析を使って考えます。

1 デフレ・ギャップが生じる状況

　今度は、経済ショックが起こって不況になり、Y_D 線が下の方にあり、Y_S と Y_D で決まる国民所得 Y_E は完全雇用国民所得 Y_F より小さく失業が発生している状況について 板書11 で考えましょう。

　いま、財市場は点Eで均衡しており、均衡国民所得は Y_E となっています。この国民所得は完全雇用国民所得 Y_F よりも小さいため、失業が発生している状況です。

　働く意欲のある労働者をすべて雇用すると、横軸は完全雇用国民所得（Y_F）となりますが、このとき総需要は点Bの水準までしかありませんから、点Aと点Bの差の分だけ超過供給（売れ残り）が生じてしまいます。

　このように、国民所得（GDP：Y）が完全雇用国民所得であるときに生じる超過供給のことをデフレ・ギャップといいます。

83

超過供給が生じていますので、企業は生産量を削減します。結果として、完全雇用国民所得より低い水準である点Eで過少雇用均衡し、失業が発生してしまうのです。

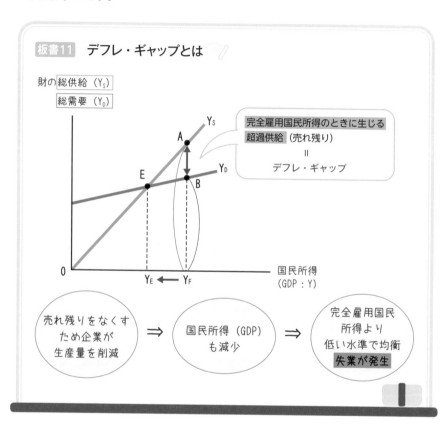

板書11　デフレ・ギャップとは

財の 総供給 (Y_S)
　　 総需要 (Y_D)

完全雇用国民所得のときに生じる 超過供給 （売れ残り）
＝
デフレ・ギャップ

国民所得
（GDP：Y）

Y_E ← Y_F

売れ残りをなくすため企業が生産量を削減 ⇒ 国民所得（GDP）も減少 ⇒ 完全雇用国民所得より低い水準で均衡 失業が発生

2 デフレ・ギャップをどう解消するか?

では次に、そのデフレ・ギャップを政府が埋めれば失業が解消するという景気対策の説明をしましょう。

いまの問題は、完全雇用国民所得であるY_Fの水準で生産してしまうと、デフレ・ギャップがあるので超過供給（売れ残り）が生じてしまうことです。これを解消するには、Y_DとY_Sが点Aで交わるように、需要を意図的に増や

してYDを上にシフトさせればよいのです。

1 政府支出の拡大

　例えば政府が政府支出（G）を増やす政策について、 板書12 で説明しましょう。$Y_D = C + I + G$ですから、このうちGの値が増えればY_Dがその分上に移動することがわかります。デフレ・ギャップに当たるABの差分だけ需要を増やし、Y_Dを$Y_D{}'$にシフトさせれば、国民所得は$Y_D{}'$とY_Sの交点Aにおいて完全雇用国民所得（Y_F）となり、失業が解消します。

マクロ経済学

CH 2
GDPはどう決まる？ ―財市場の分析―

　このように、デフレ・ギャップ分だけ財の需要（Y_D）を増やせば、完全雇用国民所得（Y_F）が実現し、失業が解消するのです。景気対策として政府が支出を拡大することや減税の意義は、ここにあるのです。

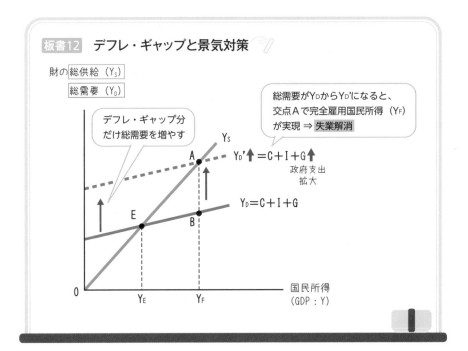

板書12 **デフレ・ギャップと景気対策**

財の 総供給（Y_S）
総需要（Y_D）

総需要がY_DからY_D'になると、交点Aで完全雇用国民所得（Y_F）が実現 ⇒ 失業解消

デフレ・ギャップ分だけ総需要を増やす

Y_S

A

Y_D'↑$= C + I + G$↑
政府支出拡大

$Y_D = C + I + G$

E

B

0

Y_E　　Y_F

国民所得
（GDP：Y）

2 減　税

　政府支出の拡大のほかに、政府が減税を行うことによって総需要を増やすという方法もあります。

　税金（T）がある場合、納税する分は所得（Y）から差し引かれることになります。所得から税金を差し引いた残りを可処分所得（Y－T）といいましたね。

　消費（C）はこの可処分所得（Y－T）の大きさによって決まります。政府が減税を行う、つまり税金を減らすと、Yの値から引かれるTの値が小さくなりますから、可処分所得（Y－T）の値は大きくなります。可処分所得が増加するので消費（C）が増加します。

　すると、先ほどと同じように$Y_D = C + I + G$ですから、このうちCの値が増えればY_Dがその分増えるので、総需要の線Y_Dを$Y_D{'}$と上に移動させることによって、完全雇用国民所得（Y_f）を実現することができます。

デフレ・ギャップを解消するための政策
- 政府支出を拡大させる（G↑）
- 減税を実施する（T↓）⇒可処分所得が増え、消費が拡大する（C↑）

---

3 そもそも、デフレとは？

　ここではデフレ・ギャップについて学びましたが、デフレとは「デフレーション」の略で、物価の持続的下落を意味します。デフレ・ギャップとは完全雇用国民所得の状態で生じる超過供給のことですが、完全雇用国民所得になるまで生産をしてしまうと超過供給が生じて物価がどんどん下がり、デフレーションになるようなギャップという意味です。

　もっとも、ケインズ派は、超過供給があっても物価は下がらないという物価一定の仮定をおいているので、正確には、古典派のように物価が自由に動く世界であれば、どんどん物価が下がってデフレーションが起こってしまうようなギャップというべきかもしれません。

インフレはなぜ起こる？
【インフレ・ギャップ】

こんなことを学習します

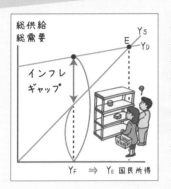

不況とは逆に需要が大きすぎる経済はどうなるのでしょうか？　需要が大きすぎることの問題点と、その問題への対策について45度線分析を使って考えます。

1　インフレ・ギャップが生じる状況

　今度は、デフレ・ギャップとは逆に、人々の需要が旺盛でY_D線が上の方にあり、Y_SとY_Dで決まる国民所得Y_Eが完全雇用国民所得Y_Fより大きい状況を考えましょう。板書13のような状況です。

　「国民所得（GDP）が大きいのはよいことではないか」と思うかもしれませんが、実はそうではないのです。完全雇用国民所得（Y_F）においては、働きたい人はすべて働いているわけですから、「これ以上生産することはできない」という生産能力の上限なのです。生産能力より大きな需要がある場合どうなるかを説明しましょう。

　いま、生産能力の上限である完全雇用国民所得の水準で企業が生産を行い、点Gの総供給があります。ところが、このときの総需要は点Fというそれより高い水準にあるため、点Fと点Gの差分だけ超過需要（物不足）が生じて

います。「お客が買いたがっているのに生産が追いつかない」という状況です。

　このように、国民所得（GDP：Y）が完全雇用国民所得であるときに生じる超過需要のことをインフレ・ギャップといいます。

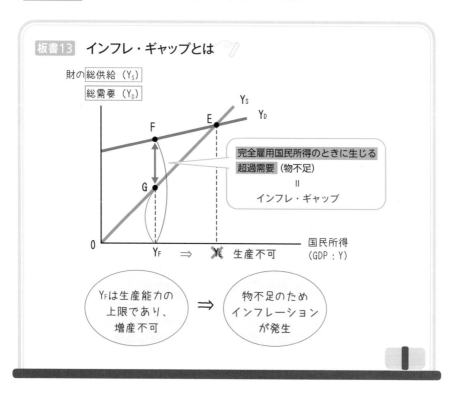

板書13　インフレ・ギャップとは

財の総供給（Y_S）
総需要（Y_D）

完全雇用国民所得のときに生じる超過需要（物不足）
＝
インフレ・ギャップ

国民所得
（GDP：Y）

Y_Fは生産能力の
上限であり、
増産不可

物不足のため
インフレーション
が発生

2　インフレ・ギャップをどう解消するか？

　著しいインフレは財の価格を不安定にさせ、経済に悪影響を与えてしまいます。そこでインフレを抑え込む必要が出てきます。そのための経済政策について次に説明しましょう。

　いまの問題は、FGの分だけ生じているインフレ・ギャップを放置するとインフレーションが発生してしまうということです。これを解消するには、

Y_DとY_Sが点Gで交わるように、需要を意図的に減らしてY_Dを下にシフトさせればよいのです。

　ここで、先ほどのデフレ・ギャップのときには、政府支出の拡大や減税による消費の増加によって総需要を増やす方法があったことを思い出してください。完全雇用国民所得（Y_F）まで生産すると超過需要が生じるインフレ・ギャップはデフレ・ギャップの反対の状況ですから、反対の政策を取ってやればいいのです。つまり、政府支出の削減や増税による消費の削減です。

　$Y_D = C + I + G$ですから、政府支出（G）を削減したり、増税によって可処分所得を減らして消費（C）を減らすことができれば、総需要（Y_D）が減ることになります。板書14のように総需要をY_DからY_D'へと減らすことができれば、国民所得はY_D'とY_Sの交点Gとなり、このとき完全雇用国民所得（Y_F）が実現するとともに、インフレ・ギャップも解消しているので物価も上昇せず安定することになります。

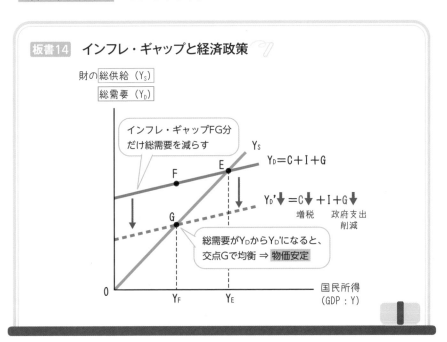

板書14　インフレ・ギャップと経済政策

このように、インフレ・ギャップ分だけ財の需要（Y_D）を減らせば、インフレーションを抑え込み物価を安定させることができるのです。政府が過熱する景気をあえて抑え込む意義は、ここにあるのです。

インフレ・ギャップを解消するための政策

- 政府支出を縮小させる（G↓）
- 増税を実施する（T↑）⇒可処分所得が減り、消費が縮小する（C↓）

　インフレとは「**インフレーション**」の略で、物価の持続的上昇を意味します。インフレ・ギャップとは、インフレを引き起こす需要（Y_D）と供給（Y_S）の差（ギャップ）という意味です。

景気対策の効果は？
【乗数】

こんなことを学習します

失業が発生している不況のときには、政府は需要を増やす政策を行うことによって完全雇用を実現するのですが、1兆円政府支出を増やすと、1兆円だけ国民所得（GDP）が増えるのではなく、実際には1兆円の何倍も国民所得（GDP）が増えるのです！
この不思議な現象は「乗数効果」と呼ばれ、公務員試験にもよく出題される論点です。

1　乗数効果が起こるしくみ

　乗数効果の説明をする前に、現実経済をどのように単純化するかを確認しておきましょう。

仮定❶
　財の需要（Y_D）＝消費（C）＋投資（I）＋政府支出（G）
　⇒　つまり、海外（輸出－輸入）は考えない！

仮定❷
　消費（C）については、
　$C = c_0 + c_1(Y - T)$
　$\left\{\begin{array}{l} Y：国民所得（GDP）、T：租税、\\ c_0：基礎消費（c_0 > 0）、\\ c_1：限界消費性向（0 < c_1 < 1） \end{array}\right\}$

　c_0とc_1は定数です。

仮定❸
　租税（T）、投資（I）、政府支出（G）は一定と仮定します。

難しそうですが、定数とは数字だと思えばよいのです。「$c_0=100$、$c_1=0.8$」と数字にすると「$C=100+0.8（Y-T）$」となり、国民所得（Y）が増えると消費（C）が増えるという関係がわかりやすくなります。⇒詳しくはSection 3を復習してください。

　仮定を置くことによって、現実経済を単純化した理論モデルができましたので、この理論モデルを前提に乗数効果について板書で説明しましょう。

板書15　乗数効果のしくみ

① 政府が景気対策で
1兆円の公共工事を行う
　… 政府支出（G）が
1兆円増加

② 建設会社が1兆円の
公共工事を受注する
（建設関係者の所得が1兆円増える）
　… 国民所得（GDP：Y）が
1兆円増加

③ 所得の増えた建築関係者たちが、
1兆円の0.8倍に当たる0.8兆円だけ
自動車を買う
　… $C=100+0.8（Y-T）$ を
前提に、すべての消費が
自動車に費やされると
仮定

④ 自動車メーカーの生産が0.8兆円増加する
（自動車メーカー関係者の所得が0.8兆円
増える）
　… 国民所得（GDP：Y）が
さらに0.8兆円増加

⑤ 所得の増えた自動車メーカー関係者たちが、
0.8兆円の0.8倍に当たる0.64兆円だけ
テレビを買う
　… $C=100+0.8（Y-T）$ を
前提に、すべての消費が
テレビに費やされると
仮定

⑥ テレビメーカーの生産が0.64兆円増加する
（テレビメーカー関係者の所得が0.64兆円
増える）
　… 国民所得（GDP：Y）が
さらに0.64兆円増加

⑦ 所得の増えたテレビメーカー関係者たちが、
0.64兆円の0.8倍に当たる0.512兆円だけ
●●を買う…

このように、1兆円の政府支出が1兆円の国民所得（GDP）の増加にとどまらず、さらに消費の増加を誘い、その消費の増加がさらなる国民所得の増加を誘うという連鎖が❶から❼までにとどまらず、延々と続きます。❶から❻だけでも、国民所得（GDP）は1兆円に加え0.8兆円、さらに0.64兆円と、合計で 1 + 0.8 + 0.64 = 2.44 兆円も増加しています。

この政府支出の影響のように、需要の増加が所得の変化と消費の変化の連鎖を引き起こし、何倍もの国民所得を変化させることを乗数効果と呼びます。

では、❼以降も続く所得の増加と消費の連鎖によって、最終的に国民所得はどれだけ増えるのでしょうか？　それを計算するのが、次に説明する政府支出乗数です。

2 政府支出乗数

政府支出乗数とは、一定である政府支出が増えたときに、その何倍国民所得が増加するかを表すものです。例えば、政府支出が1兆円増加したときに5倍の5兆円だけ国民所得が増加した場合には、この5倍の「5」が政府支出乗数に当たります。

> なお、「乗数」とは「かける数」という意味で、政府支出の増加額に政府支出乗数をかければ、国民所得の増加額を計算できるのです。

3 その他の乗数

1 投資乗数

同じように、投資乗数とは、一定である投資が増えたときに、その何倍国民所得が増加するかを表すものです。$Y_D = C + I + G$ ですから、投資（I）が1兆円増えても政府支出（G）が1兆円増えても、総需要（Y_D）が1兆円増えるという意味で経済効果は同じですから、政府支出乗数と投資乗数は等し

くなります。

つまり、政府支出乗数が 5 のときには投資乗数も 5 になるということ
です。

2 租税乗数

　その他に**租税乗数**もあります。租税乗数とは、一定である租税（税金）が
増えたときに、その何倍国民所得が増加するかを表すものです。ただ、租税
は政府支出や投資とは少し性質が違うことに注意が必要です。

　租税（税金）が増えると可処分所得が減りますから、消費も減って国民所
得は減少してしまいます。したがって、**租税乗数はマイナスの値となります。**

　例えば、租税乗数が − 4 という場合には、租税（税金）が 1 兆円増える、
つまり、1 兆円増税をすると、その − 4 倍、つまり 4 兆円分国民所得が減る
ということになります。反対に 1 兆円減税をすると、これは − 1 兆円租税を
増やしたことになるので、− 1 兆円に租税乗数 − 4 をかけ、（− 1）×（− 4）
＝ ＋ 4 と、4 兆円国民所得が増えます。

4　乗数の計算結果

　なお、海外（輸出 − 輸入）を考慮せず、$Y_D = C + I + G$ の場合であり、かつ、
税金がない、あるいは税金があっても定額税（国民所得にかかわらず一定）であ
る場合には、乗数の計算結果はわかっているので、板書16 に整理しておきま
しょう。

板書16 **乗数の公式**

政府支出乗数 $=\dfrac{1}{1-限界消費性向\,(c_1)}$ ··· ❶
(政府支出の増加の何倍
国民所得が増えるか)

この2つは同じ値

投資乗数 $=\dfrac{1}{1-限界消費性向\,(c_1)}$ ··· ❷
(投資の増加の何倍
国民所得が増えるか)

租税だからマイナスの符号！

租税乗数 $=\dfrac{-限界消費性向\,(c_1)}{1-限界消費性向\,(c_1)}$ ··· ❸
(租税の増加の何倍
国民所得が増えるか)

試験に出るので暗記しましょう

計算例 $C=100+0.9\,(Y-T)$ のときの各乗数

$C=\underset{\text{基礎消費}}{c_0}+\underset{\substack{\text{限界消費}\\\text{性向}}}{c_1}\,(Y-T)$ なので、限界消費性向 (c_1) は0.9

❶ より、政府支出乗数 $=\dfrac{1}{1-0.9}=\dfrac{1}{0.1}=10$

❷ より、投資乗数 $=\dfrac{1}{1-0.9}=\dfrac{1}{0.1}=10$

❸ より、租税乗数 $=\dfrac{-0.9}{1-0.9}=\dfrac{-0.9}{0.1}=-9$

CHAPTER 2　過去問チェック！

問1　Section 5 **1**・**2**

　デフレ・ギャップは、総需要が完全雇用国民所得を上回っている場合であり、これを埋めるための政府の財政政策として、減税の実施や政府支出の削減が求められる。

特別区Ⅰ類2002

問2　Section 6 **1**・**2**

　インフレ・ギャップは、総需要が完全雇用国民所得水準を上回っている場合に生じ、このギャップを解消するためには、消費を減少させる必要がある。

東京都Ⅰ類2002

●次の問題の正解を**1**〜**5**から選びなさい。

問3　Section 5 **1**・**2**

　次の図は、縦軸に消費C及び投資Ⅰを、横軸に国民所得Yをとり、完全雇用国民所得水準をY$_0$、総需要DがD＝C＋Ⅰのときの均衡国民所得をY$_1$で表したものである。今、Y$_0$＝350、C＝20＋0.6Y、Ⅰ＝100であるとき、完全雇用国民所得水準Y$_0$に関する記述として、妥当なのはどれか。

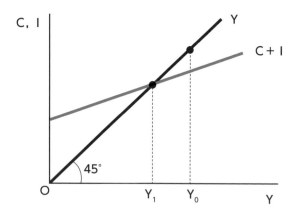

① 完全雇用国民所得水準がY_0のとき、20のインフレ・ギャップが生じている。

② 完全雇用国民所得水準がY_0のとき、50のインフレ・ギャップが生じている。

③ 完全雇用国民所得水準がY_0のとき、20のデフレ・ギャップが生じている。

④ 完全雇用国民所得水準がY_0のとき、50のデフレ・ギャップが生じている。

⑤ 完全雇用国民所得水準がY_0のとき、70のデフレ・ギャップが生じている。

特別区Ⅰ類2007

問4 Section 7 ④

　国民所得が民間消費、民間投資、政府支出からなる経済において、政府が1兆円の増税と3兆円の財政支出の増加を同時に行った場合、国民所得の増加額として、正しいのはどれか。ただし、限界消費性向は0.75とし、民間投資は一定であり、また、租税は定額税とする。

① 3兆円

② 8兆円

③ 9兆円

④ 11兆円

⑤ 15兆円

東京都Ⅰ類2003

問5 Section 7 ④

　ある国のマクロ経済が次の式で表される。

　　$Y = C + I + G$

　　$C = c_0 + 0.75(Y - T)$

〔Y：国民所得、C：消費、I：投資、G：政府支出、T：租税、c_0：定数〕

　この国において、租税が100、政府支出が100、投資が25増えると、均衡国民所得はいくら増えるか。

① 100

② 200

③ 300

④ 600

⑤ 900

市役所2009

解答

問1 ×　まず、デフレ・ギャップは、完全雇用国民所得の水準で、総需要が
総供給を下回っている場合をいいます（供給のほうが需要より多いか
ら超過供給となります）。また、これを解消するために必要な政策と
して減税の実施は妥当ですが、政府支出は削減ではなく拡大すること
が求められます。

「総需要が完全雇用国民所得水準を上回っている」というのがわかり
にくいかもしれませんが、Y_S=Yであることを思い出せば、「総需要が
総供給を上回っている」とわかりやすく読み替えることができます。

問2 ○　インフレ・ギャップは、完全雇用国民所得の水準で、総需要が総供
給を上回っている場合をいいます（供給のほうが需要より少ないから
超過需要となります）。また、これを解消するには何らかの方法で総
需要（Y_D）を下方向にシフトする必要があります。消費（C）を減少
させるというのはその方法の1つとして妥当です。

問3 **正解3**

この問題では、総供給に当たるY_Sが「Y」、総需要に当たるY_Dが「D」
と示され、「D＝C＋I」とあるので、総需要の構成を消費と投資だけに
単純化していることがわかります。

このように、実際の問題では記号の使われ方がまちまちだったり、条
件設定が若干違っていたりということがよくあります。この場合、45
度線であることから「Y」が総供給を示していることがわかりますの
で、落ち着いて対応しましょう。

デフレ・ギャップ、インフレ・ギャップとは国民所得（GDP：Y）
が完全雇用国民所得のときの超過供給、超過需要ですから、まずは、国
民所得（Y）が完全雇用国民所得（Y_0＝350）のときの供給（Y_S）と需
要（Y_D）を計算し、比較します。

$$\boxed{\text{総供給（Y）}}$$
$$Y = Y_0 = \boxed{350}$$

$$\boxed{\text{総需要（D）}}$$
$$D = C\,(消費) + I\,(投資)$$
$$= 20 + 0.6\,Y + 100$$
$$= 120 + 0.6\,Y$$
$$= 120 + 0.6 \times 350$$
$$= 120 + 210$$
$$= \boxed{330}$$

以上のように、総供給（Y）は350、総需要（D）は330と計算できました。ここでまず、総供給＞総需要であるため超過供給の状態であり、生じているのはデフレ・ギャップだとわかります。

またその値は両者の差に当たるので、

$$350 - 330 = 20$$

となり、20のデフレ・ギャップが生じていることがわかります。以上より、正解は❸となります。

問4 **正解 3**

まず、限界消費性向0.75を乗数の公式に当てはめて、次のように租税乗数と政府支出乗数を求めます。

$$租税乗数 = \frac{-限界消費性向}{1 - 限界消費性向} = \frac{-0.75}{1 - 0.75} = -\frac{0.75}{0.25} = -3$$

$$政府支出乗数 = \frac{1}{1 - 限界消費性向} = \frac{1}{1 - 0.75} = \frac{1}{0.25} = 4$$

次に、租税と政府支出それぞれの変化と乗数を掛け合わせて、合計します。政府は1兆円の増税をしているので、1兆円をいま求めた租税乗数（-3）倍した分の効果が生じることになります。

同様に、3兆円の財政支出の増加をしているので、3兆円をいま求めた政府支出乗数（4）倍した分の効果が生じることになります。

これらをそれぞれ求め、合計すれば全体での国民所得の増加額がわかります。

租税の増加による国民所得の変化　　：$(-3) \times (+1) = -3$ [兆円]
政府支出の増加による国民所得の変化：　$4 \times (+3) = +12$ [兆円]

合計　　　　　　　　　　　　　　　：　　　　　　　　　　$+9$ [兆円]

よって、正解は❸とわかります。

問5　正解2

　　租税、政府支出、投資が増加したときに国民所得がどれだけ増加するかが問われているので、まずは、租税乗数、政府支出乗数、投資乗数を求めます。なお、$C = c_0 + 0.75(Y - T)$ より限界消費性向は0.75です。

　　次にその乗数を使って、租税の増加が国民所得に及ぼす影響、政府支出の増加が国民所得に及ぼす影響、投資の増加が国民所得に及ぼす影響、をそれぞれ計算し合計します。政府支出乗数と投資乗数は等しいのでまとめてしまいましょう。

$$租税乗数 = \frac{-限界消費性向}{1-限界消費性向} = \frac{-0.75}{1-0.75} = -\frac{0.75}{0.25} = -3$$

$$政府支出乗数 = 投資乗数 = \frac{1}{1-限界消費性向} = \frac{1}{1-0.75} = \frac{1}{0.25} = 4$$

租税の増加による国民所得の変化　　：$(-3) \times (+100) = -300$
政府支出の増加による国民所得の変化：　$4 \times (+100) = +400$
投資の増加による国民所得の変化　　：　$4 \times (+25) = +100$

合計　　　　　　　　　　　　　　　：　　　　　　　　　　$+200$

したがって、正解は❷とわかります。

CHAPTER 3

利子率はどう決まる？
―資産市場の分析―

ここまでは「財市場」という、財の取引
が行われる市場を見てきましたが、次は
舞台を移して「資産市場」の分析を行い
ます。「利子率」という指標が非常に重
要な意味を持っていますので、じっくり
と理解していきましょう。

Section 1

CHAPTER 3　利子率はどう決まる？　―資産市場の分析―

利子率とは？

こんなことを学習します

私たちが保有する資産には、貨幣（お金）という形で存在するものもあれば、貨幣（お金）以外の形で存在するものもあります。このとき、資産をどのような形で保有するかという選択に、「利子率」という指標が大きな影響を与えています。

まずは利子率の意味と、利子率が1国の経済に与える影響の重要性について学習しましょう。

1　利子率とは？

　CHAPTER 3では「資産市場の分析」を行います。「資産」といっても貨幣、株式、不動産、債券、宝石などたくさんの種類がありますが、すべての資産を分析するのは面倒ですので、貨幣市場に焦点を絞って説明します。

　マクロ経済学の主流であるケインズ派は、利子率とは金利のことだと考えます。金利とは貨幣を借りたときに支払うもので、100万円の貨幣を金利5％で借りた場合には、1年間に支払う利子（金利）は100万円×5％＝5万円となります。要するに、利子率とは貨幣を借りたときに支払うものですので、貨幣のレンタル価格を％で表したものです。

もっとも、貨幣を貸す立場から見れば、利子率5％で100万円を貸せば、5万円の利子（金利）を得ることになります。

2 利子率の意味とマクロ経済における重要性

　後で詳しく説明しますが、1国のマクロ経済全体を考えるとき、利子率が下がると投資が増えるという関係があります。

　工場に新しい機械設備を導入したり、新しい社屋を建設したりといった具合に、企業は生産活動のために投資を行います。この投資の費用は高額になりがちなので、投資のために借金をすることが多くなります。借りたお金は利子をつけて返済しなければなりませんが、利子率が下がっていると支払う利子が少なく済むので、投資がしやすくなる（投資が増える）ということです。

　CHAPTER 2で学習したとおり、投資（I）は総需要の要素です（$Y_D = C + I + G$）。投資とは機械メーカーや建築会社への注文に当たりますから、注文が増えた企業は機械の生産や工事を増やし、そのために必要な人を雇うようになります。これにより、不況期であれば失業が解消します。

　このように利子率は投資を通じて財の需要に影響を与え、国民所得（GDP）や雇用量にも影響を与えるので非常に重要なのです。

利子率が下がる　⇒　投資が増える　⇒　国民所得（GDP）、雇用量が増える

貨幣とは？

| 交換仲介機能 |
| 価値尺度機能 |
| 価値保存機能 |

現在では、現金、電子マネーなどたくさんの支払手段が登場していますが、どれが貨幣に当たるのでしょうか？　ここでは貨幣が備えていなければならない性質を説明し、その性質を持っていて貨幣とされているものは具体的には何かを学びます。

1　貨幣の3機能

　Section 1では利子率について、貨幣のレンタル価格を％で表したものだと説明しました。ところで、そもそも貨幣とは何でしょうか。

　貨幣とは何かということについては哲学的な議論もあるのですが、経済学では①交換仲介機能、②価値尺度機能、③価値保存機能という３つの機能を持つものと定義します。

1　交換仲介機能

　まず、貨幣のない世界を考えてみましょう。貨幣のない世界では、自分のほしいものを手に入れるために、相手のほしいものを差し出して交換する「物々交換」で取引を行うことになります。

　貨幣のない世界でおなかが減り、食堂でランチを食べるためには、なにか食堂の人がほしがるものを提供することが必要です。私が提供できるのは経済学の講義ですから、経済学の講義を聴きたいと思っている食堂を探さなく

てはなりません。しかし、私の講義を聴きたいから代わりに食事をごちそうしてくれるという食堂を探すのは大変です。どこにもないかもしれません。

このように、貨幣がない物々交換の経済では、お互いに相手が必要としている物を持っている必要があるのです。これを欲望の二重の一致といいますが、このような可能性は非常に低いので取引がなかなかできません。

この不便を解消するために登場したのが貨幣です。私は大学に経済学の講義を提供し、大学からお給料として貨幣をもらって、その貨幣でランチに食堂で好きな食べ物を食べます。貨幣であれば食堂も喜んで受け取ってくれるので交換が容易に成立します。

このように、経済学の講義と食事の交換を貨幣に仲介させることによって、取引が行いやすくなります。これを「取引の効率化」といい、貨幣の交換仲介機能がここに表れています。

2 価値尺度機能

貨幣を使っている私たちの世界で車を買うことを考えるとき、例えばAという車種なら300万円、Bという車種なら200万円、という具合に値段の比較をすることができます。

貨幣のない物々交換の世界では、例えばAという車のオーナーは「鶏100羽となら交換してもよい」と言い、Bという車のオーナーは「牛1頭となら交換してもよい」と言うことがあるかもしれません。車を買うことを検討する側にとっては、結局AとBのどちらの車種が高いのか安いのか、比較がすぐにはできなくなってしまいます。

それでは不便ですので、商品の価値は貨幣の単位で計算することになっています。日本であれば日本の貨幣である「円」で商品の価値が計算されるので、値段を見ればどの商品が安いのかひと目で比較できます。これを貨幣の価値尺度機能といいます。

3 価値保存機能

貨幣を交換の仲介に使う場合、もらった貨幣が腐ったり壊れてしまったりしたら困ります。ですから貨幣は、石や金属や紙幣のように腐らずに保存で

きるものでなくてはなりません。

　リンゴをたくさん生産した人はリンゴをそのまま蓄えていると腐ってしまいますが、そのリンゴを売って貨幣という形で蓄えておけば、腐らせずに保存しておくことができます。これが貨幣の**価値保存機能**です。

2 貨幣＝現金＋預金

　そして、いま説明した3機能を持っていて、「貨幣」に当たるものは現金と預金だとされています。

　現金だけではなく預金も含むのは、銀行振り込みでの支払いは預金を使って行いますし、クレジットカードやデビットカードによる買い物も銀行預金から支払われるからです。

> では、PayPayやnanacoなどの電子マネーは？　残念ながら日本銀行の統計上は貨幣に含まれてはいません。

板書1　**貨幣とは？**

次の3機能を有するのが貨幣
①交換仲介機能　　欲望の二重の一致が不要
②価値尺度機能　　価格を比較しやすい
③価値保存機能　　腐らないので保存できる

具体的には、
貨幣＝現金＋預金

　　　　　　　　　取引の効率化

> 市場に供給されている貨幣の量のことを公務員試験では、「貨幣供給量」、「マネーサプライ」、「マネーストック」などと呼びます。日本銀行がマネーストックと呼んでいるのでこれが正式な呼称ですが、過去問ではその他の呼称も登場するので、他の表記であってもわかるようにしておきましょう。

Section 3 貨幣需要とは？
【ケインズの流動性選好理論】

こんなことを学習します

資産を株式や不動産の形で保有していると、保有している間にそれらの価値が高まることで儲けを得られることがあります。ところが、それらと異なり現金は値上がりして儲かることがありません。

にもかかわらず、人々が貨幣を持つのはなぜでしょうか？　その問いに答えたケインズの流動性選好説を学び、その理論に基づいて貨幣需要曲線を描きます。

1 人々はなぜ貨幣を持つのか？

　ここまで見てきたとおり、貨幣にはいろいろなものと交換することができる性質があり、この性質を「流動性」と呼びます。

> 1万円の貨幣は、食事にも旅行にも本にもなり得ます。このように、変幻自在に姿形を変える便利な性質を、まるで液体が姿形を変えるようだとして流動性（Liquidity）と呼んでいます。

　貨幣を保有していても、株式のように値上がりで儲かることがありません。それにもかかわらず人々が貨幣を持つ理由について、ケインズは、この「流動性」という便利な性質を好むからだと考えました。

　人にお金を貸したり債券を購入したりすると、利子がついて儲けが得られます。その代わり、その分の資産が貨幣ではなくなってしまうので、「流動性」という便利さが失われてしまいます。

逆に資産を貨幣のまま持っていれば、いつでもさまざまな価値に変えられるという「流動性」のメリットがありますが、値上がりはないので儲けは得られません。

　これを踏まえてケインズは、利子とは、「流動性」という便利な性質を持つ貨幣を手放すことへの報酬と考えます。ケインズによれば人々は、利子率が低くなると、利子をあまりもらえなくなるので、貨幣を手放さずに手もとに持とうとします。

　手もとに持ちたい貨幣の量を貨幣需要量というので、利子率が下がると貨幣需要量が増えるという関係になります。この考えをケインズの流動性選好理論というのですが、これではわかりにくいでしょうから、『はじめの一歩』流にわかりやすく板書に整理してみましょう。

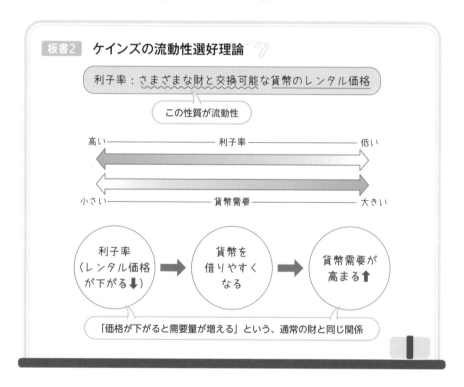

板書2　ケインズの流動性選好理論

利子率：さまざまな財と交換可能な貨幣のレンタル価格

この性質が流動性

高い ——————— 利子率 ——————— 低い

小さい ——————— 貨幣需要 ——————— 大きい

利子率
（レンタル価格
が下がる↓）
→
貨幣を
借りやすく
なる
→
貨幣需要が
高まる↑

「価格が下がると需要量が増える」という、通常の財と同じ関係

2 貨幣需要曲線

　ケインズの流動性選好説により、貨幣のレンタル価格である利子率が下がると貨幣需要が増えるという関係がわかりました。

　例えば、利子率が6％のときには貨幣需要は1,000兆円だったけれど、利子率が4％に下がると貨幣需要は1,500兆円、さらに2％に下がると2,000兆円に増加したとしましょう。これを **板書3** で縦軸に利子率、横軸に貨幣需要量としたグラフで描くと、点a、点b、点cを結んだ右下がりの線となります。これで、利子率と貨幣需要の関係を表す貨幣需要曲線のできあがりです。

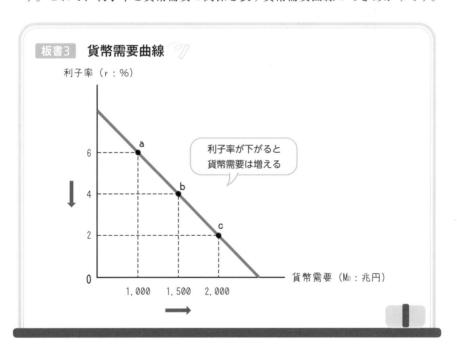

板書3 貨幣需要曲線

利子率（r：％）

利子率が下がると
貨幣需要は増える

貨幣需要（M_D：兆円）

利子率は英語でrentというのでrで表します。貨幣需要は貨幣（Money）への需要（Demand）なのでM_Dと略したり、流動性（Liquidity）という便利な性質があるから需要するのでLで表す場合もあります。なお、この本ではM_Dにしています。

Section **4**

CHAPTER 3　利子率はどう決まる？　―資産市場の分析―

貨幣供給は
どのように行われるか？

こんなことを学習します

現金を発行する権限を持った「中央銀行」とは何かを学ぶとともに、中央銀行が供給した現金の何倍もの預金が創られていく預金創造というプロセスについて学びます。

そして、中央銀行が供給した現金の何倍の貨幣が市中に供給されるのかという貨幣乗数の計算方法についてマスターします。この貨幣乗数は公務員試験の中でも頻繁に出題されますので貨幣乗数の式は必ず暗記しましょう！

1　中央銀行とは？

　Section 2で学習したとおり、貨幣＝現金＋預金でした。まずは、貨幣のうち現金を供給する中央銀行について説明しましょう。

　中央銀行とは①発券銀行、②銀行の銀行、③政府の銀行という３つの機能を持っている銀行をいうのですが、日本では日本銀行が中央銀行に当たります。それでは 板書4 で中央銀行の３つの機能について詳しく説明しましょう。

> **板書4**　中央銀行の3機能
>
> ① 発券銀行　　：現金である**紙幣を発行する**
>
> ② 銀行の銀行：銀行の貨幣が不足したときに、
> 　　　　　　　　銀行に貨幣を貸し出す
>
> ③ 政府の銀行：政府の銀行口座は中央銀行にあり
> 　　　　　　　　政府の収入と支出を管理する

> 中央銀行以外の銀行を**市中銀行**といいます。市中銀行が預金や借入れ
> を行うときに利用するのが中央銀行であり、「②銀行の銀行」とはこ
> のような関係を指しています。
> 逆に、中央銀行は市中銀行とは違い、私たち個人や一般の企業と取引
> を行うことはありません。

2　預金創造

　それでは次に預金について説明しましょう。預金は私たちが銀行に現金を
預けることによって発生します。預金も貨幣ですから私たちが預金をすると
貨幣が増えることになるわけです。この仕組みのことを預金創造といいます
が、その説明をする前に必要となる専門用語について説明しておきましょう。

1 預金準備率と法定準備率

❶ 預金準備率

　私たちが市中銀行に預金を行うと、これに利息が発生します。銀行はこの利息より高い利率で、預かったお金をほかに融資します。銀行はこうして利益を得ているので、なるべく多くの預金を融資したいところなのですが、すべてを融資に回してしまうと、預金者が預けたお金を引き出したいときに対応できなくなってしまいます。

　そこで、預金のうち一定の割合については、融資に回さずに残しておかなければならないことになっています。具体的には、市中銀行は中央銀行に口座を設け、預金の一部をこの口座に預けています。このように、預金者の引き出しに備えて市中銀行が中央銀行に設ける預金のことを準備、または支払準備といいます。

　また、預金のうちこの準備（支払準備）に充てる比率を預金準備率、または支払準備率といいます。預金準備率は、

$$預金準備率 = \frac{準備 （R：Reserve）}{預金 （D：Deposit）}$$

で表されます。

> 預金準備率 $= \dfrac{準備 （R）}{預金 （D）} = 0.1$ であれば、100万円の預金に対して10%に当たる10万円を中央銀行に準備金として預けている状態です。

❷ 法定準備率

　また、預金準備率とは別に市中銀行が預金のうち最低限中央銀行に預けなくてはならない比率を法定準備率といいます。

　法定準備率は最低ラインですから、実際の預金準備率（支払準備率）がこれより高い分にはかまわないのですが、公務員試験では法定準備率と預金準備率は同じと考えて問題ありません。

2 現金・預金比率

　個人や企業が貨幣を保有するとき、現金として保有することも預金として保有することもあるわけですが、この比率を表したものを**現金・預金比率**といいます。現金での保有分の預金での保有分に対する比として、

$$現金・預金比率 = \frac{現金（C：Cash）}{預金（D：Deposit）}$$

と表されます。

現金・預金比率 $= \dfrac{現金（C）}{預金（D）} = 0.1$ であり、現金と預金を合計した貨幣が110万円あるとき、現金が10万円、預金が100万円（$\dfrac{10万円}{100万円} = 0.1$）となります。

3 預金創造

　先ほど学習したとおり、現金は中央銀行によって市場に供給されます。この**中央銀行が供給する現金**のことを**ハイパワード・マネー**（H：High-powered money）といいます。

　ハイパワード・マネーは、❶現金通貨と❷市中銀行が中央銀行に設けている預金の合計です。

ハイパワード・マネーは「ベースマネー」、「マネタリーベース」と呼ばれることもあります。公務員試験においては、経済学では「ハイパワード・マネー」、経済事情や時事問題では「マネタリーベース」と呼ばれることが多く統一されていないのですが、どの呼び方が出てきてもわかるようにしておきましょう。

　これから説明する預金創造とは、中央銀行が供給したハイパワード・マネーが、何倍もの預金を創造していくプロセスです。ハイパワード・マネーはこうした強い力を持っています。

日本銀行が神田銀行に100万円供給

> ハイパワード・マネーが
> **100万円**

 神田銀行はその100万円を
梅田商事に貸付け（融資）

 梅田商事は借りた100万円で
TAC株式会社に研修費用を支払い

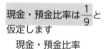
TAC株式会社は、受け取った100万円
について、
　　10％（10万円）：現金で保有
　　90％（90万円）：東京銀行に預金
⇒東京銀行にTAC株式会社の預金90万円が
　創造される

> 現金・預金比率は $\dfrac{1}{9}$ と
> 仮定します
> 現金・預金比率
> $= \dfrac{現金（C）}{預金（D）} = \dfrac{10}{90} = \dfrac{1}{9}$

東京銀行は、預金の90万円について、
　　10％（9万円）：日本銀行に預金
　　　　　　　　　（支払準備）
　　90％（81万円）：神戸食品に貸付け
　　　　　　　　　（融資）

> 預金準備率は0.1（10％）
> と仮定します
> 預金準備率
> $= \dfrac{準備（R）}{預金（D）} = \dfrac{9}{90} = 0.1$

 神戸食品は借りた81万円で
京都水産に魚の缶詰代金を支払い

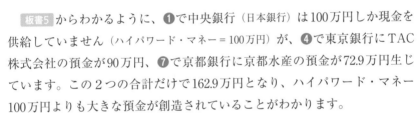

❼ 京都水産は、受け取った81万円について、
　　10%（8.1万円）：現金で保有
　　90%（72.9万円）：京都銀行に預金
　⇒京都銀行に京都水産の預金72.9万円が
　　創造される

現金・預金比率は $\frac{1}{9}$ と
仮定します
現金・預金比率
$= \dfrac{現金（C）}{預金（D）} = \dfrac{8.1}{72.9} = \dfrac{1}{9}$

❽ 京都銀行は、預金の72.9万円について、
　　10%（7.29万円）：日本銀行に預金
　　　　　　　　　　（支払準備）
　　90%（65.61万円）：●●会社に貸付け
　　　　　　　　　　（融資）

預金準備率は0.1（10%）
と仮定します
預金準備率
$= \dfrac{準備（R）}{預金（D）} = \dfrac{7.29}{72.9} = 0.1$

マクロ経済学

CH3
利子率はどう決まる？ ──資産市場の分析──

板書5 からわかるように、❶で中央銀行（日本銀行）は100万円しか現金を供給していません（ハイパワード・マネー＝100万円）が、❹で東京銀行にTAC株式会社の預金が90万円、❼で京都銀行に京都水産の預金が72.9万円生じています。この2つの合計だけで162.9万円となり、ハイパワード・マネー100万円よりも大きな預金が創造されていることがわかります。

貨幣＝現金＋預金ですから、100万円のハイパワード・マネーしか供給していなくても100万円以上の貨幣が生まれることがわかります。

3 貨幣乗数

　では、最終的に預金創造によって、ハイパワード・マネーの何倍の貨幣が創造されるのでしょうか？ 中央銀行がハイパワード・マネーを増減させたとき、マネーストックがその何倍変化するかを示す値を貨幣乗数（m：money multiplier）といいます。

　貨幣乗数は 板書6 のように計算できることがわかっています。この式を覚えておけば公務員試験の問題を解くことができます。

板書6　貨幣乗数と貨幣供給量（マネーストック）

$$貨幣乗数（m）＝\frac{現金・預金比率（\frac{C}{D}）＋1}{現金・預金比率（\frac{C}{D}）＋預金準備率（\frac{R}{D}）}$$

貨幣供給量（Ms）＝貨幣乗数（m）×ハイパワード・マネー（H）

先ほどの 板書5 の例では、現金・預金比率が $\frac{1}{9}$、預金準備率が $\frac{1}{10}$（0.1）であったため、

$$貨幣乗数（m）＝\frac{\frac{1}{9}＋1}{\frac{1}{9}＋\frac{1}{10}}＝\frac{\frac{10}{9}}{\frac{19}{90}}＝\frac{10}{9}÷\frac{19}{90}＝\frac{10}{9}×\frac{90}{19}＝\frac{100}{19}$$

$$≒5.263$$

となります。このことから、100万円のハイパワード・マネーは約5.263倍されて、526万円以上のマネーストックに変化することがわかります。

Section 5 利子率の決定

こんなことを学習します

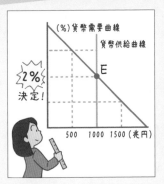

改めて**CHAPTER 3**では資産市場、特に貨幣市場の分析を行っています。貨幣市場の動きに「利子率」が大きな影響を及ぼしていることはSection 1で学習したとおりです。

さらに、貨幣需要と貨幣供給について学習してきたことを踏まえると、貨幣市場において利子率が決定されるメカニズムがわかります。ここでは、貨幣の需要と供給が等しくなる水準に利子率が決まる仕組みを学びます。

1 貨幣供給曲線

1 貨幣供給曲線とは

Section 3で、縦軸を利子率（r）、横軸を貨幣需要量（M_D）とした貨幣需要曲線を学習しました。利子率が下がると貨幣需要が高まる、という関係性にあるため、貨幣需要曲線は右下がりの直線になっていましたね。同様にここでは、利子率と貨幣供給量との関係を表す、貨幣供給曲線について考えてみます。

Section 2で学習したとおり、貨幣＝現金＋預金です。またSection 4で学習したとおり、現金は中央銀行である日本銀行が発行して供給し、その貨幣乗数倍だけ貨幣が供給されます。

ただここでは、中央銀行が利子率に関係なくマネーストックを一定にコントロールしていると考えます。その場合、 板書7 のように、縦軸に利子率（r）、横軸に貨幣供給量（M_S）として利子率と貨幣供給量の関係を表す貨幣

供給曲線は横軸に対して垂直になります。

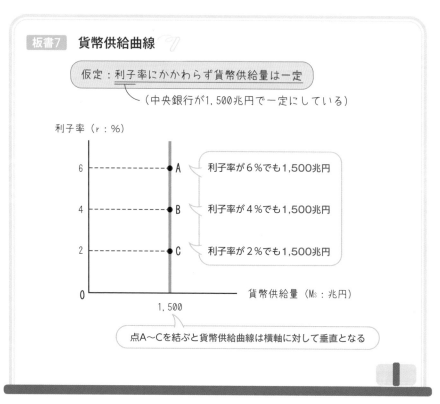

板書7 貨幣供給曲線

仮定：利子率にかかわらず貨幣供給量は一定

（中央銀行が1,500兆円で一定にしている）

利子率（r：%）

6 -------------● A 　利子率が6%でも1,500兆円

4 -------------● B 　利子率が4%でも1,500兆円

2 -------------● C 　利子率が2%でも1,500兆円

0 _____ 貨幣供給量（Ms：兆円）

1,500

点A〜Cを結ぶと貨幣供給曲線は横軸に対して垂直となる

貨幣供給は貨幣（Money）の供給（Supply）なのでMsと表します。

2 貨幣供給曲線のシフト

例えば中央銀行が、一定であった**貨幣供給量（マネーストック）**を1,500兆円から2,000兆円に増やすと垂直な貨幣供給曲線は右へ移動（シフト）します。

同様に、**貨幣供給量（マネーストック）**を1,500兆円から1,000兆円に減らすと垂直な貨幣供給曲線は左へ移動（シフト）します。

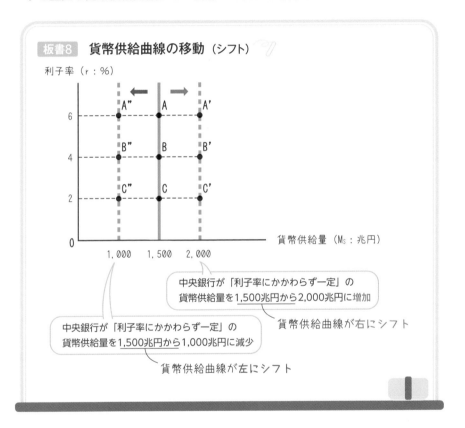

板書8　貨幣供給曲線の移動（シフト）

利子率（r：%）

6 ─── A"　　A　　A'

4 ─── B"　　B　　B'

2 ─── C"　　C　　C'

0　　1,000　1,500　2,000　　貨幣供給量（Ms：兆円）

中央銀行が「利子率にかかわらず一定」の
貨幣供給量を1,500兆円から2,000兆円に増加

貨幣供給曲線が右にシフト

中央銀行が「利子率にかかわらず一定」の
貨幣供給量を1,500兆円から1,000兆円に減少

貨幣供給曲線が左にシフト

マクロ経済学

CH3　利子率はどう決まる？──資産市場の分析──

2 利子率の決定

　では、板書3（P.143）の貨幣需要曲線と板書7（P.152）の貨幣供給曲線を同時に描いて、この2つの曲線を使って利子率がどのように決まるのかを説明しましょう。

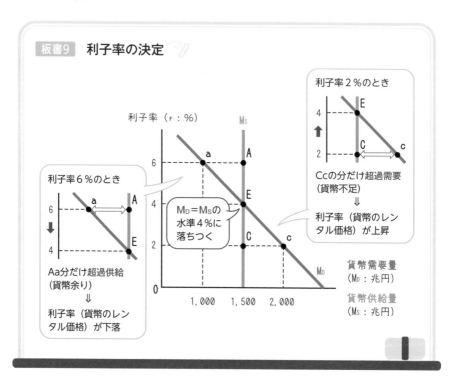

板書9　利子率の決定

利子率6％のとき
Aa分だけ超過供給
（貨幣余り）
⇓
利子率（貨幣のレンタル価格）が下落

利子率（r：%）

$M_D＝M_S$の
水準4％に
落ちつく

利子率2％のとき
Ccの分だけ超過需要
（貨幣不足）
⇓
利子率（貨幣のレンタル価格）が上昇

貨幣需要量
（M_D：兆円）
貨幣供給量
（M_S：兆円）

1 利子率が高いとき

　利子率が 6 ％のように高いときには、貨幣供給量は点 A で 1,500 兆円ですが貨幣需要量が点 a で 1,000 兆円しかありません。利子率が高いときは、貨幣のレンタル価格が高いので、わざわざ利子を支払って借りてまで貨幣を保有しようという人は減るのです。ここでは、Aa 分の 500 兆円だけ超過供給となっています。

　超過供給というのは貨幣が余っている状態なので、貨幣のレンタル価格である利子率が下がっていきます。どこまで下がるかというと、この超過供給がなくなるまで、つまり、貨幣の需要と供給が等しくなる点 E の水準の 4 ％まで下がって落ち着きます。

2 利子率が低いとき

　反対に、 2 ％のように利子率が低いと、貨幣供給量は点 C で 1,500 兆円ですが貨幣需要量は点 c で 2,000 兆円となります。利子率が低いときは、貨幣のレンタル価格が低いので、利子を支払ってでも流動性という便利な性質を持つ貨幣を保有しようという人が増えるのです。ここでは、Cc 分の 500 兆円だけ超過需要が生じています。

　超過需要というのは貨幣が不足している状態なので、貨幣のレンタル価格である利子率が上昇します。どこまで上昇するかというと超過需要がなくなるまで、つまり、貨幣の需要と供給が等しくなる点 E の水準の 4 ％まで上がります。

　このようにして、利子率は、貨幣需要（M_D）と貨幣供給（M_S）が等しくなる点 E の水準に決まります。

3 貨幣供給量増加による利子率の低下

　中央銀行が貨幣供給量（マネーストック）を増やすと貨幣供給曲線が右に移動（シフト）することを、板書8 で説明しました。この図を板書9 に加えると板書10 のようになります。板書10 より、当初の利子率は貨幣需要曲線（M_D）と貨幣供給曲線（M_S）の交点である点Eの水準4％に決まります。

　ここで、**中央銀行が貨幣供給量（マネーストック）を増やす**と、貨幣供給曲線がM_SからM_S'へと右に移動（シフト）します。その結果、利子率が4％のままだとEFだけ超過供給となり、**利子率はM_S'とM_Dの交点である点E'の水準の2％まで低下します。**

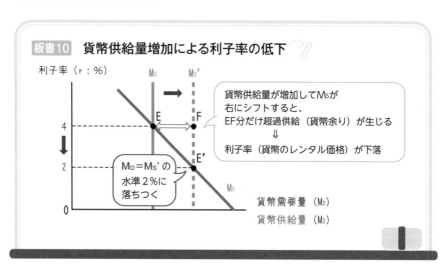

板書10　貨幣供給量増加による利子率の低下

　貨幣需要曲線（M_D）は右下がりの曲線、貨幣供給曲線（M_S）は横軸に垂直な直線、ということを頭に入れておけば、この2つのグラフが交わる形を再現することができるはずです。
　そこから貨幣供給曲線が左右に移動することで、交点がどのように変化するかをグラフ上で確認できればOKです。

投資量の決まり方
【ケインズの投資の限界効率理論】

こんなことを学習します

利子率が投資の大きさに影響を与え、それを通じて国民所得や雇用量とも関係していることはSection1で学習しました。

ここでは、財の需要の1つである投資がどのように決まるのかについて、ケインズの投資の限界効率理論によって学習します。そして、その理論に基づいて投資と利子率の関係を表す投資曲線を描きます。

投資曲線は通常は右下がりなのですが、深刻な不況期という特殊な状況では垂直になることも学びます。

1　ケインズの投資の限界効率理論

　ケインズは投資の限界効率理論という考え方を考案し、ケインズ派もそれを引き継いでいるので、その理論について説明しましょう。

1　投資の限界効率

　いま、ある企業の経営者の前に3つの投資プロジェクトがあるとします。プロジェクトAには10億円の投資額が必要で、投資すると4％の収益率が期待できます。同様に、プロジェクトBには6億円の投資額が必要で、投資すると7％の収益率が期待できます。プロジェクトCには8億円の投資額が必要で、投資すると10％の収益率が期待できます。

　どのプロジェクトに投資を行うとしても、その費用は銀行から利子率6％で借り入れるものとします。

　このとき、各プロジェクトに投資したときに期待される収益率のことを投

資の限界効率といいます。

	プロジェクトA	プロジェクトB	プロジェクトC
投資額	10億円	6億円	8億円
投資の限界効率	4％	7％	10％

2 投資の限界効率理論

投資の限界効率は期待される収益率ですから、**この値が高いほど企業にとって魅力的な投資プロジェクト**ということになります。

また、投資される費用は銀行から借り入れますが、後から利子を付けて銀行に返済しなければなりません。これを踏まえて、各プロジェクトに投資した場合の、この企業にとっての損得を計算してみましょう。

●プロジェクトAに投資した場合

収益 ： 10［億円］× 4％ = 0.4［億円］

銀行に支払う利子： 10［億円］× 6％ = 0.6［億円］

⇒ 収益＜利子であり、－**0.2億円**

マイナスの利潤が見込まれるため、プロジェクトAには**投資しない**

●プロジェクトBに投資した場合

収益 ： 6［億円］× 7％ = 0.42［億円］

銀行に支払う利子： 6［億円］× 6％ = 0.36［億円］

⇒ 収益＞利子であり、＋**0.06億円**

プラスの利潤が見込まれるため、プロジェクトBには**投資する**

●プロジェクトCに投資した場合

収益 ： 8［億円］× 10％ = 0.8［億円］

銀行に支払う利子： 8［億円］× 6％ = 0.48［億円］

⇒ 収益＞利子であり、＋**0.32億円**

プラスの利潤が見込まれるため、プロジェクトCには**投資する**

このように、プロジェクトＡは割に合わない投資であり、プロジェクトＢとＣは実行すべき投資であることがわかります。

この例からわかるとおり、銀行から借り入れた際の<mark>利子率より投資の限界効率が高ければ投資は行われ、低ければ投資は行われない</mark>ことになります。

板書11　ケインズの投資の限界効率理論

企業が銀行から借入れをして投資するとき、

　　投資の限界効率＞利子率　⇒　最終的に儲かるので投資する

　　投資の限界効率＜利子率　⇒　最終的に儲からないので**投資しない**

例に挙げたケースだと、企業はプロジェクトＢ・Ｃに投資するので、投資額は合計14億円となります。

◆利子率6％の場合

	プロジェクトＡ	プロジェクトＢ	プロジェクトＣ
投資額	10億円	6億円	8億円
投資の限界効率	4％	7％	10%

　　　　　　　　×投資せず　　　　○投資　　　　○投資

投資額は合計14億円

しかし、借入れの際の利子率が８％になった場合はどうでしょうか。プロジェクトＢの投資の限界効率が銀行に支払う利子率を下回ってしまうため、投資すべきプロジェクトではなくなってしまいます。その結果、投資額はプロジェクトＣの８億円のみに減少します。

マクロ経済学

CH 3
利子率はどう決まる？　―資産市場の分析―

◆利子率8%の場合

	プロジェクトA	プロジェクトB	プロジェクトC
投資額	10億円	6億円	8億円
投資の限界効率	4％	7％	10％

×投資せず　　　　×投資せず　　　　○投資

> 投資額は8億円に減少

　利子率が6％から8％に上昇することによって、この企業が投資を行う金額が14億円から8億円に減少することがわかりました。このように、**借入れの際の利子率が高まると、投資可能なプロジェクトが少なくなります。**

2 投資曲線

1 通常は右下がりの投資曲線

　ケインズの投資の限界効率理論を前提にすると、利子率が上がると（r↑）投資が減少し（I↓）、逆に利子率が下がると（r↓）投資が増加する（I↑）という関係がわかります。つまり、**利子率と投資は逆の方向に変化している**のです。これは1企業においてだけではなく、国全体においても同じです。

　板書12 では、国全体の投資と利子率の関係を、縦軸を利子率、横軸を投資量としたグラフに描いてみましょう。

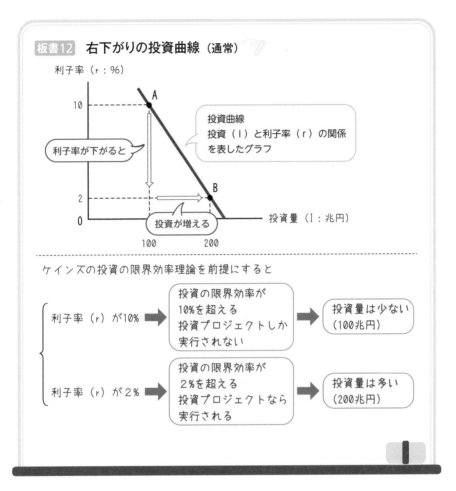

板書12　右下がりの投資曲線（通常）

利子率（r：%）

10 ‥‥‥‥‥‥ A

投資曲線
投資（I）と利子率（r）の関係
を表したグラフ

利子率が下がると

2 ‥‥‥‥‥‥‥‥‥ B

0

投資が増える

投資量（I：兆円）

100　　200

ケインズの投資の限界効率理論を前提にすると

利子率（r）が10%　→　投資の限界効率が10%を超える投資プロジェクトしか実行されない　→　投資量は少ない（100兆円）

利子率（r）が2%　→　投資の限界効率が2%を超える投資プロジェクトなら実行される　→　投資量は多い（200兆円）

　このグラフに描かれた、投資（I）と利子率（r）の関係を表す線を投資曲線といいます。投資と利子率は、一方が上がるともう一方が下がる、という関係にありますから、通常はこのように右下がりの直線となります。

　板書12より、利子率が下がると投資が増えることがわかりましたが、すでに板書10で中央銀行が貨幣供給量（マネーストック）を増やすと利子率が下がることもわかっています。ですから、中央銀行が貨幣供給量（マネーストック）を増やすと、利子率が下がり投資が増えることがわかります。

CHAPTER 2で説明したように、投資は財の需要です（$Y_D = C + I + G$）から、財の需要が増えれば企業は生産を増やすので、失業が発生している不況期であれば国民所得（GDP）が増えるにつれて雇用量も増え、失業も解消します。

これが金融政策なのですが、詳しくはCHAPTER 4で説明しましょう。

2 深刻な不況時には垂直な投資曲線

板書12 では投資曲線は右下がりとなっていますが、世界大恐慌のような深刻な不況のときには、利子率が下がったからといって投資は増えません。そのような状況について説明しましょう。

深刻な不況のときというのは、投資の限界効率がプラスの値になるような投資プロジェクトが存在しない状況をいいます。**どの投資プロジェクトにも収益性がないため、企業はなるべく投資を控えようとします。**

正確には、例えば法令上、定期的な交換が必要な設備（スプリンクラーなど）や安全上必要な修理のように、必要最低限の投資しか行わなくなります。

なるべく投資を控えている状態で発生している投資費用が50兆円だとすると、この投資額は市場の利子率に関係なく、同じ値で生じることになります。

板書13 の点A'にあるように利子率が10％であっても50兆円、点B'にあるように利子率が2％であっても50兆円ですので、**深刻な不況下での投資曲線は、横軸に対して垂直な形となる**ことがわかります。

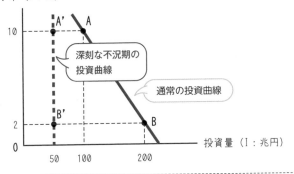

板書13　垂直な投資曲線（深刻な不況期）

利子率（r：%）

深刻な不況期の
投資曲線

通常の投資曲線

投資量（I：兆円）

深刻な不況期：投資の限界効率がプラスとなる
　　　　　　　投資プロジェクトがない状況

利子率にかかわらず、必要最低限の投資しか行わない
　　利子率が10%でも50兆円
　　利子率が2%でも50兆円

利子率にかかわらず投資量が一定なので投資曲線は横軸に対し垂直

　なお、板書13の垂直な投資曲線のように、利子率が下がっても投資量が増えない状況では、利子率の変化に対して投資が反応していません。この状況を「投資の利子弾力性が0」、「投資の利子感応度が0」、あるいは「投資が利子非弾力的」と表現します。

「投資の利子弾力性」とは、投資が利子率の変化に対してどのぐらい敏感に反応するか、という度合いのことをいいます。この場合、利子がどんなに変化しても投資が50兆円のまま一切変化しないので、「弾力性」が0となるわけです。
この「弾力性」という表現は、経済学の他の場面でも登場するので、意味合いをつかんでおきましょう。

　以上、このCHAPTER 3では、利子率の決まり方と投資の決まり方を学びましたので、CHAPTER 4では、マクロ経済編の総仕上げとして、金融政策と財政政策について説明しましょう。

CHAPTER 3　過去問チェック！

●次の各記述が妥当かどうか（○か×か）を判断しなさい。

問1　Section 4 3

　預金準備率を5％、公衆の現金・預金比率を20％とすると、貨幣乗数の値は4.8
となる。
国家一般職2005

問2　Section 4 3

　預金準備率が0.04、民間の現金・預金比率が0.2のとき、ハイパワード・マネー
を40兆円とするとマネーストックは200兆円となる。
裁判所2015

問3　Section 4 3

　預金準備率を20％、公衆の現金・預金比率を30％とすると、ハイパワード・マ
ネーの1億円の増加は、マネーサプライを5億円増加させる。
国家一般職2005

●次の問題の正解を❶～❺から選びなさい。

問4　Section 4 3

　市中銀行が、その預金残高に対して10％を預金準備として保有し、残りを全て
家計への貸出しに回すものとする。また、家計の現金預金比率が50％、ハイパワ
ード・マネーが480兆円とする。いま、ハイパワード・マネーが一定（480兆円）の
下で、現金預金比率が80％に増加したとする。

　このとき、マネーストックはいくら減少するか。ただし、市中銀行が、その預金
残高に対して10％を預金準備として保有し、残りを全て家計への貸出しに回すこ
とは変わらないものとする。

❶　　60兆円

❷　120兆円

❸　180兆円

❹　240兆円

❺　360兆円

国家一般職2018

解答

問1 〇 与えられた条件を貨幣乗数の式に当てはめて計算します。この問題のように百分率（％）で値が示されている場合、預金準備率（$\frac{R}{D}$）の５％は0.05、現金・預金比率（$\frac{C}{D}$）の20％は0.2と変換して当てはめます。

$$貨幣乗数（m）= \frac{現金・預金比率＋1}{現金・預金比率＋預金準備率} = \frac{0.2＋1}{0.2＋0.05}$$

$$= \frac{1.2}{0.25} = 4.8$$

以上のように計算できるので、正しい記述だとわかります。

問2 〇 まず、与えられた条件から貨幣乗数を計算します。その後、計算された貨幣乗数とハイパワード・マネー40兆円を掛け合わせて、答えが200兆円になるかを確かめます。

預金準備率（$\frac{R}{D}$）が0.04、現金・預金比率（$\frac{C}{D}$）が0.2とわかっているので、

$$貨幣乗数（m）= \frac{現金・預金比率＋1}{現金・預金比率＋預金準備率} = \frac{0.2＋1}{0.2＋0.04}$$

$$= \frac{1.2}{0.24} = 5$$

と計算できます。マネーストック（M_S）は、貨幣乗数（m）とハイパワード・マネー（H）を掛けた値になるので、

マネーストック（M_S）＝m×H＝5×40＝200 ［兆円］

となり、正しい記述であるとわかります。

問3 × 問２と同様にまず貨幣乗数を計算し、貨幣乗数とハイパワード・マネーを掛け合わせた値が５億円になるかを確かめます。預金準備率と現金・預金比率が百分率（％）で示されていますが、それぞれ0.2、0.3と変換して貨幣乗数の式に当てはめます。

$$貨幣乗数（m）= \frac{現金・預金比率＋1}{現金・預金比率＋預金準備率} = \frac{0.3＋1}{0.3＋0.2} = \frac{1.3}{0.5}$$

$$= 2.6$$

マネーストック（M_S）＝m×H＝2.6×1＝2.6［億円］

となり、マネーストック（マネーサプライ）の増加は5億円ではなく2.6億円だとわかります。

問4 正解4

現金・預金比率（$\frac{C}{D}$）が50％から80％に増加する設定のある問題で、増加後に「マネーストックがいくら減少するか」が問われている内容です。

現金・預金比率の値が変化することで貨幣乗数の値も変化するので、変化前と変化後に分けて貨幣乗数とマネーストックをそれぞれ計算し、マネーストックの値どうしの差を求めれば、減少分がいくらか調べることができます。

❶ 現金・預金比率の増加前

$$貨幣乗数（m）＝\frac{現金・預金比率＋1}{現金・預金比率＋預金準備率}＝\frac{0.5＋1}{0.5＋0.1}＝\frac{1.5}{0.6}$$
$$＝2.5$$

マネーストック（M_S）＝m×H＝2.5×480＝1,200［兆円］

❷ 現金・預金比率の増加後

$$貨幣乗数（m）＝\frac{現金・預金比率＋1}{現金・預金比率＋預金準備率}＝\frac{0.8＋1}{0.8＋0.1}＝\frac{1.8}{0.9}$$
$$＝2$$

マネーストック（M_S）＝m×H＝2×480＝960［兆円］

マネーストックの減少分は、❶の計算結果から❷の計算結果を引けばよいので、

マネーストックの減少＝1,200－960＝240［兆円］

となり、正解は❹とわかります。

CHAPTER 4

経済政策
― 金融政策と財政政策 ―

マクロ経済学の最後に経済政策を採り上げます。不況や景気の過熱を政府がコントロールしようとするのが経済政策ですが、公的な介入を必要とする考え方は、古典派とは異なるケインズ経済学の出発点ともいえるスタンスです。

金融政策の手段

こんなことを学習します

CHAPTER 4 では経済政策について学習します。経済政策とは、経済を安定させるために政府や中央銀行が行う政策のことで、金融政策と財政政策に分かれています。まずは金融政策から学習していきます。
CHAPTER 3 では中央銀行が貨幣供給量をコントロールするとしましたが、具体的にはどのような手段で貨幣供給量を増やしたり減らしたりするのでしょうか？

1 金融政策とは

　経済政策のうち、中央銀行が主体となり、貨幣市場を対象に景気を調整する政策を金融政策といいます。

　景気を拡大させるために貨幣供給量（マネーストック）を増加させる金融政策を金融緩和政策（拡張的金融政策）といい、過熱している景気を引き締めるために貨幣供給量（マネーストック）を減少させる金融政策を金融引締政策（緊縮的金融政策）といいます。

　金融政策の手段としては、公開市場操作、日銀貸付、法定準備率操作、公定歩合操作の４つがありますので、これから順番に紹介していきましょう。

2 公開市場操作

　公開市場操作とは、中央銀行が国債などを市場で売買することによってハイパワード・マネーの量を増減させることをいいます。この公開市場操作が、

現在主力として行われている金融政策の手段です。

　ハイパワード・マネーを増加させるときには、中央銀行が市場で国債など
を買います（買いオペレーション）。反対に、貨幣供給量を減らしたい場合には、
中央銀行が自分の持っている国債などを市場で売ります（売りオペレーション）。

　それぞれの仕組みを 板書1 ・ 板書2 で説明しましょう。

ハイパワード・マネーとは中央銀行が供給する現金のことでしたね。
ハイパワード・マネーの貨幣乗数倍だけ貨幣（マネーストック）が市場
に供給されます。

1 買いオペレーション（買いオペ）

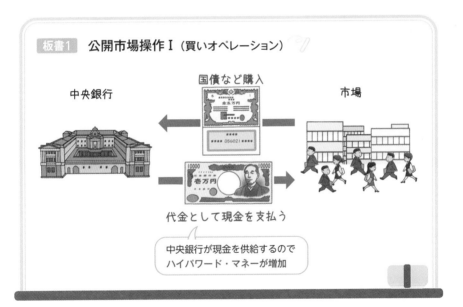

板書1　公開市場操作Ⅰ（買いオペレーション）

中央銀行　　　　　国債など購入　　　　　市場

代金として現金を支払う

中央銀行が現金を供給するので
ハイパワード・マネーが増加

　買いオペレーション（買いオペ）は、**中央銀行が市場で国債などを買うこ
と**によって行うものです。中央銀行が国債を買うと、その代金は市中銀行が
中央銀行に有している当座預金口座に振り込まれます。市中銀行はそこから
貨幣を引き出して融資に回すなどして、CHAPTER 3で学習した預金創造

を行っていきます。

　このような形で**中央銀行がハイパワード・マネーを増加させ、貨幣供給量を増やすのが買いオペレーション**です。

2 売りオペレーション（売りオペ）

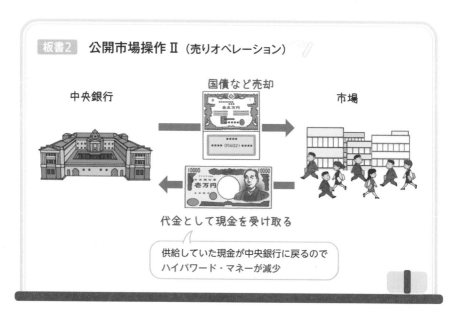

板書2　**公開市場操作Ⅱ**（売りオペレーション）

中央銀行　　　　国債など売却　　　　市場

代金として現金を受け取る

供給していた現金が中央銀行に戻るので
ハイパワード・マネーが減少

　売りオペレーション（売りオペ）は逆に、中央銀行が保有している国債などを市場で売却することによって行うものです。国債を売った分、供給していた現金が中央銀行に戻ることになります。

　このような形で**中央銀行がハイパワード・マネーを減少させ、貨幣供給量を減らすのが売りオペレーション**です。

3 日銀貸付

　中央銀行が市中銀行に現金を貸し付けることでも、中央銀行から市場に現金が供給されることには変わりありませんからハイパワード・マネーが増加

します。反対に、中央銀行が市中銀行に貸し付けている現金を回収すればハイパワード・マネーは減少します。

日本の中央銀行は日本銀行（日銀）ですので、<mark>日銀による貸付けの量を増やしたり減らしたりすることでハイパワード・マネーの量を調整し貨幣供給量をコントロールする</mark>ことを<ruby>日銀貸付<rt>にちぎんかしつけ</rt></ruby>といいます。

日銀が貸し出す際の利子率を「<ruby>公定歩合<rt>こうていぶあい</rt></ruby>」といいますが、日銀は2006年より「基準貸付利率」という呼び方に変更しています。公務員試験では「公定歩合」という言葉が使われることもありますので、「公定歩合」と「基準貸付利率」の両方を覚えておく必要があります。

4 法定準備率操作

貨幣供給量を増やしたり減らしたりするのに、ハイパワード・マネーの量ではなく貨幣乗数を変えるという方法もあります。なぜなら、**CHAPTER 3**で学習したように、**貨幣供給量（M$_S$）は貨幣乗数（m）とハイパワード・マネー（H）を掛け合わせた値**だからです。

さらに、貨幣乗数を表す式を改めて見てみると、

$$貨幣乗数（m）= \frac{現金・預金比率 \left(\frac{C}{D}\right) + 1}{現金・預金比率 \left(\frac{C}{D}\right) + 預金準備率 \left(\frac{R}{D}\right)}$$

と、預金準備率は貨幣乗数を表す式の分母にあるので、**この値が大きくなればなるほど貨幣乗数が小さくなり、この値が小さくなればなるほど貨幣乗数が大きくなる**ことがわかります。

CHAPTER 3で学習したように、法定準備率というのは預金準備率の最低ラインですから、この値を上下させることによって、預金準備率も連動して上下します。このように、<mark>法定準備率を操作することによって貨幣乗数を大きくしたり小さくしたりして貨幣量をコントロールすること</mark>もできます。これを**法定準備率操作**あるいは**支払準備率操作**といいます。

法定準備率を操作することで貨幣供給量が変化することを、 板書3 で確認

しましょう。

板書3　法定準備率操作と貨幣供給量

❶ 法定準備率↓

❷ 預金準備率↓　　中央銀行が法定準備率を引き下げると、市中銀行は預金準備率を引き下げて融資を増やします

❸ 貨幣乗数↑

$$貨幣乗数　(m) = \frac{現金・預金比率＋1}{現金・預金比率＋預金準備率}$$

であるため、預金準備率が低下すると、貨幣乗数が上昇します

❹ 貨幣供給量↑

貨幣供給量（Ms）
＝貨幣乗数（m）×ハイパワード・マネー（H）
であるため、貨幣乗数が上昇すると
貨幣供給量が増加します

❸で預金準備率は貨幣乗数を表す式の分母にあります。$\frac{1}{10}$ と $\frac{1}{100}$ ではの $\frac{1}{10}$ ほうが大きいことからもわかるように、分母に入る預金準備率の値が低下すると、計算結果である貨幣乗数の値が上昇することがわかりますね。

5 公定歩合操作（基準貸付利率操作）

公定歩合操作（基準貸付利率操作）とは公定歩合（基準貸付利率）を引き上げたり引き下げたりすることによって、直接、市場利子率に影響を与えようというものです。

公定歩合操作によって得られる効果には、コスト効果とアナウンスメント効果の2つがあります。

1 コスト効果

　まずは、コスト効果について説明しましょう。

　公定歩合（基準貸付利率）とは、日銀が市中銀行に貸付けを行う際の利子率でした。いま、この公定歩合を日銀が引き下げたとしましょう。

　このとき、日銀から借入れを行っている市中銀行からすると、日銀に支払うべき利子が減ることになります。すると、市中銀行が企業や個人に貸し出す際の利子率も下げる余裕が生まれることになります。日銀が公定歩合を引き下げることが、貸出し利子率も引き下げる効果につながっていることがわかります。

　このように、市中銀行にとってのコストを変動させる効果があるので、コスト効果といいます。

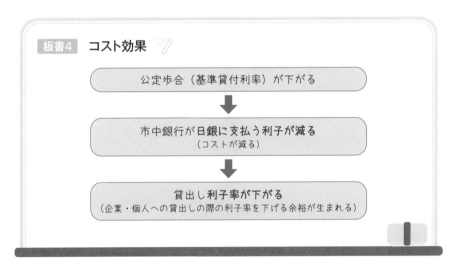

板書4　コスト効果

公定歩合（基準貸付利率）が下がる

↓

市中銀行が日銀に支払う利子が減る
（コストが減る）

↓

貸出し利子率が下がる
（企業・個人への貸出しの際の利子率を下げる余裕が生まれる）

2 アナウンスメント効果

　アナウンスメント効果というのは政治学などでも学習しますが、マス・メ

ディアの報道が人々の行動や考えに影響を及ぼす効果をいいます。

ここでは特に、公定歩合操作を行うことが公表されると、それを知った個人や企業が政策の実行を予測して行動するため、実際の政策発動前に公定歩合操作によってもたらされるはずの効果が表れてしまうことを指します。

　いま、日銀が公定歩合（基準貸付利率）を引き下げる決定をしたとします。このことはマス・メディアを通じて報道され、多くの人に知れ渡ることになります。

　これを人々は、「公定歩合を引き下げたということは、日銀が将来、利子率を下げたいと考えているという意思表示に違いない！」と受け止めます。また、「これから利子率が下がるのなら、お金を借りるのは利子率が下がってからにしよう」と考え、貨幣需要が減少します（M_D↓）。

　すると、CHAPTER 3で学習したように貨幣の超過供給（貨幣余り）が生じますから、これを解消するように利子率が下がる、ということになります。

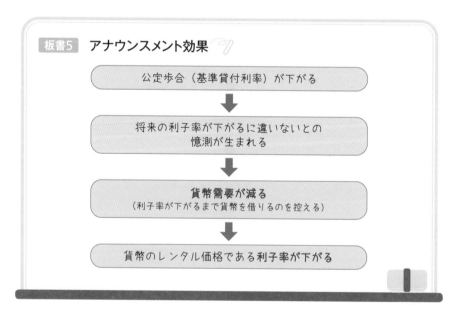

板書5　アナウンスメント効果

公定歩合（基準貸付利率）が下がる

↓

将来の利子率が下がるに違いないとの
憶測が生まれる

↓

貨幣需要が減る
（利子率が下がるまで貨幣を借りるのを控える）

↓

貨幣のレンタル価格である利子率が下がる

6 金融政策の手段のまとめ

それでは最後に、金融政策の手段について 板書6 にまとめておきましょう。

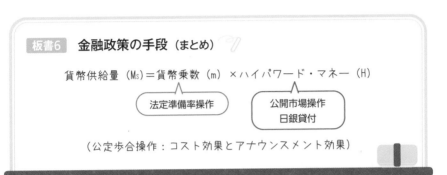

板書6 **金融政策の手段（まとめ）**

貨幣供給量（Ms）＝貨幣乗数（m）×ハイパワード・マネー（H）

法定準備率操作

公開市場操作
日銀貸付

（公定歩合操作：コスト効果とアナウンスメント効果）

板書6 は、貨幣供給量を変動させる要素のうち、それぞれの手段がどの部分に働きかけるものであるかを表しています。

公定歩合操作は直接利子率に働きかけますが例外的です。公開市場操作や日銀貸付によりハイパワード・マネーを変化させるか、または法定準備率操作により貨幣乗数を変化させるか、という、「**貨幣供給量をコントロールするルート（経路）**」が公務員試験で主に問われます。

次のSection 2では、日銀が貨幣供給量を変化させたとして、それがどのように経済政策として効果を発揮するかという、金融政策の効果が波及するルートについて考えていきましょう。

マクロ経済学

CH 4 経済政策 —金融政策と財政政策—

金融政策の効果

こんなことを学習します

中央銀行が貨幣供給量を増やしたり減らしたりすることにより、どのようにして失業の解消や物価の安定を実現するのでしょうか。その効果が出てくる経路について考えていきます。

また、深刻な不況時には金融緩和政策が効果を発揮しないことがあります。なぜ効果が出ないのかについても学習します。

1 不況期の金融政策【金融緩和政策】

　不況期には貨幣供給量を増やすことによって利子率を下げ、投資を増やすことで景気を回復させる政策を実施します。このような政策は金融緩和政策と呼ばれます。

　この金融緩和政策がどのような順序で景気回復につながるのかを説明しましょう。

　中央銀行が貨幣供給量を増やすと、貨幣市場が超過供給となります。この超過供給が解消するまで、貨幣のレンタル価格である利子率が下がります。

　利子率が下がると、企業が銀行に対して支払うべき利子が減るので、実行できる投資プロジェクトが増えます（高い利子率では儲けを出せなかったが、利子率が下がることで儲けが出るようになる）。

　財の需要は$Y_D = C$（消費）$+ I$（投資）$+ G$（政府支出）なので、その一角である投資（I）が増えれば、財の需要（Y_D）が増えることになります。

　財の需要は企業への注文に当たるので、これが増えると企業は生産量を増

やし、国民所得（GDP）が増えます。

　また、生産量が増えれば企業は労働者を雇うようになり、**失業が解消**されます。

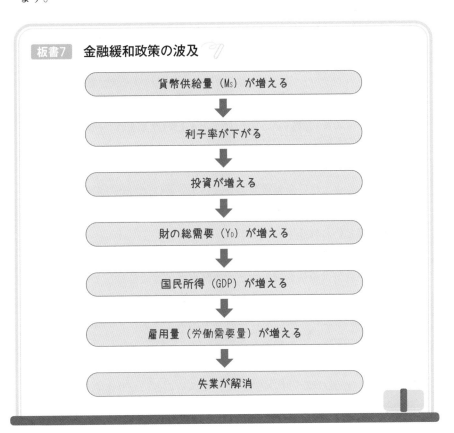

板書7　金融緩和政策の波及

貨幣供給量（Ms）が増える

↓

利子率が下がる

↓

投資が増える

↓

財の総需要（Y$_D$）が増える

↓

国民所得（GDP）が増える

↓

雇用量（労働需要量）が増える

↓

失業が解消

2 インフレーション時の金融政策【金融引締政策】

　不況期とは逆に、需要が大きすぎてインフレーションが発生している状況を景気が過熱しているといいます。CHAPTER 2で学んだインフレ・ギャップが生じているときです。

> インフレ・ギャップとは、生産能力の上限である完全雇用国民所得（GDP）まで生産しても、なお超過需要（物不足）が発生している状態でしたね。
> このまま放置すると物価がどんどん上昇してしまい、インフレーションを起こしてしまいます。

　このようなときには、貨幣供給量を減らすことにより利子率を上げて、投資を減らすことにより物価上昇を抑える政策を採ります。このような政策は金融引締政策といわれます。

　金融引締政策の波及効果についても説明していきましょう。

　中央銀行が貨幣供給量を減らすと、貨幣市場が超過需要となります。この超過需要が解消するまで、貨幣のレンタル価格である利子率が上がります。

　利子率が上がると、企業が銀行に対して支払うべき利子が増えるので、実行できる投資プロジェクトが減ります。

　財の需要は$Y_D = C$（消費）$+ I$（投資）$+ G$（政府支出）なので、その一角である投資（I）が減れば、財の需要（Y_D）が減ることになります。

　財の総需要（Y_D）が減ることで、超過需要（インフレ・ギャップ）が解消します。

　このように、金融引締政策によってインフレが抑制され、物価が安定します。

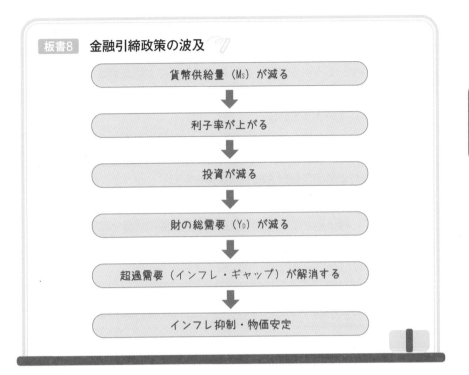

板書8　金融引締政策の波及

貨幣供給量（Ms）が減る

⬇

利子率が上がる

⬇

投資が減る

⬇

財の総需要（Y_D）が減る

⬇

超過需要（インフレ・ギャップ）が解消する

⬇

インフレ抑制・物価安定

3 金融政策が無効となるケース（深刻な不況）

　金融政策は常に効果を発揮するわけではありません。深刻な不況期には、利子率がそもそも最低限になっており、これ以上下がらないという「流動性の罠」と呼ばれる状況に陥ったり、利子率が下がっても投資が増えないという「投資が利子非弾力的」な場合があります。

　このような場合には、金融緩和政策を行っても効果を発揮しません。

1 流動性の罠

　深刻な不況のときには、国民所得（GDP）が小さく、企業や個人も取引の金額が少ないでしょうから貨幣を持つ量も少なくてよいはずです。貨幣需要が少ないと貨幣市場は超過供給となり、貨幣のレンタル価格である利子率はどんどん下がっていきます。

　その結果、もうこれ以上は下がらないという最低の利子率の状態になることがあります。このときには、中央銀行がいくら貨幣供給量を増やしても利子率が最低限ですのでこれ以上は下がりません。したがって、投資も増えず金融緩和政策は効果を発揮しないわけです。

　このように、利子率がこれ以上下がらない最低限の状態を流動性の罠（わな）といいます。

> 「流動性」とは貨幣のことで、「罠」とは英語のトラップです。利子率がこの罠に引っかかっておりそれ以上下がらないという意味です。

2 投資が利子非弾力的

　「投資が利子非弾力的」な状況についてはCHAPTER 3で説明しましたが、投資曲線が横軸に対して垂直になっており、利子率が変化しても投資量が変わらないという状況です。深刻な不況のときには、たとえ利子率が下がっても儲かる投資プロジェクトがありませんから投資量は増えず、投資が利子非弾力的な状況に陥るわけです。

　このときには、中央銀行が貨幣供給量を増加させて利子率を低下させられたとしても投資量が増えませんので、財の需要を増やすことはできず、国民所得（GDP）も増加しません。したがって、失業を解消することはできず、金融政策は効果がありません。

　それでは 板書9 に、金融緩和政策が無効なケースについて整理しておきましょう。

板書9 金融緩和政策が無効のケース

貨幣供給量（Ms）が増える

↓

利子率が下がる

金融緩和政策が無効となる原因❶
流動性の罠で利子率が最低だと、もうこれ以上利子率を下げられない

↓

投資が増える

金融緩和政策が無効となる原因❷
投資が利子非弾力的なときには、利子率が下がったとしても投資が反応しない（投資が増えない）

↓

財の総需要（Yᴅ）が増える

↓

国民所得（GDP）が増える

↓

雇用量（労働需要量）が増える

↓

失業が解消

財政政策の手段

こんなことを学習します

財政政策には政府支出を増減する方法と税金を増減する方法があります。それぞれについて不景気とインフレーションが発生しているときの政策手段を説明しましょう。

1　財政政策とは

　経済政策のうち、政府が主体となり、財市場を対象に景気を調整する政策を財政政策といいます。

　景気を拡大させるために総需要を増加させる財政政策を拡張的財政政策といい、過熱している景気を引き締めるために総需要を減少させる財政政策を緊縮的財政政策といいます。

2　政府支出の増減

　財政政策の1つ目は政府支出を変動させることです。典型的な政府支出には政府が公共事業に対する投資を行うことが挙げられます。

　政府が支出して行う公共事業は、それを受注する企業にとっては需要の増加となります。このため、政府支出を増やせば（拡張的財政政策）その分の生産量の増加、雇用量の増加を通じて景気を改善していきます。逆に政府支出

を減らせば（緊縮的財政政策）その分景気の過熱を抑えることができるという
わけです。

3 租税の増減

財政政策の2つ目は租税を変動させることです。消費者にとって所得から
引かれる分が租税であり、これが増えたり減ったりすることで自由に使える
お金（可処分所得）が変動するからです。

減税すれば（拡張的財政政策）可処分所得が増え、消費が増えます。消費が
増えることもまた、生産者の側に立てば需要の増加となるので、政府支出の
増加と同様に生産量の増加、雇用量の増加となって景気を改善させます。逆
に増税すれば（緊縮的財政政策）可処分所得が減り、消費が減り、その分需要
が減少することによって景気の過熱を抑えることができます。

このあと詳しく説明しますが、ここではいったん財市場のみを考え、
市場の利子率を一定と仮定しています。実際にはもう少し複雑な動き
になりますが、ここではまずそれぞれの財政政策がどのような効果を
狙っているのかを押さえてください。

Section

4

CHAPTER 4　経済政策　—金融政策と財政政策—

財政政策の効果

こんなことを学習します

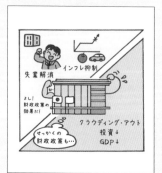

政府支出や租税の変化が、財の総需要に与える影響を分析することで、財政政策がどのように表れるのかを確認していきます。
また、財市場だけでなく資産市場における利子率の変化も併せて考える際の、クラウディング・アウト効果についても学習します。

1　不況期の財政政策【拡張的財政政策】

　不況期に景気の拡大を狙って行う拡張的財政政策は、政府支出の増加（G↑）や減税（T↓）によって行われます。

1　政府支出の増加

　政府支出を増加させることが景気の拡大につながるということを順を追って説明しましょう。

　まず、財の総需要は、$Y_D = C$（消費）$+ I$（投資）$+ G$（政府支出）であるため、この要素である政府支出が増えると総需要も増えることがわかります。

　また、財の総需要というのは企業に対する注文でもあるので、これが増えることで企業は生産量を増やし、経済全体の国民所得（GDP）も増えることになります。

　そうなると、企業は増産のために雇用量を増やし、失業が解消することになります。

152

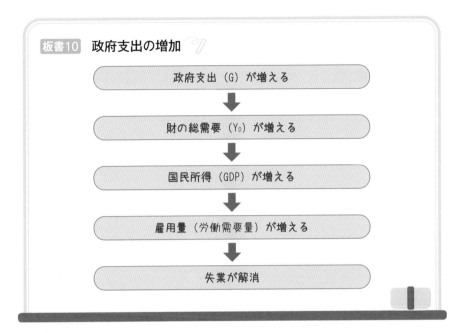

2 減 税

　次に、減税を行うことが景気の拡大につながるということを順を追って説明しましょう。

　まず、減税とは租税（T）を減らすこと（T↓）ですが、租税が減った分消費者が自由に使えるお金が増えることになります。この税引後の所得（Y − T）を可処分所得といいましたね。

　財の総需要は、$Y_D = C$（消費）$+ I$（投資）$+ G$（政府支出）ですが、このうち C（消費）は、$C = c_0 + c_1 (Y − T)$ という式になっていました（P.105）。c_0 は基礎消費、c_1 は限界消費性向と呼びましたね。この式の T は所得（Y）から差し引かれる分としてマイナスの符号が付いていますから、減税によって T の値が小さくなればなるほど、C（消費）が増加することがわかります。

　そして、C（消費）が増加すると Y_D（総需要）も増加します。あとは政府支出を増やした場合と同じですが、企業に対する注文が増え、企業は生産量や雇用量を増やし、経済全体では国民所得（GDP）が拡大し、失業が解消する、

という流れです。

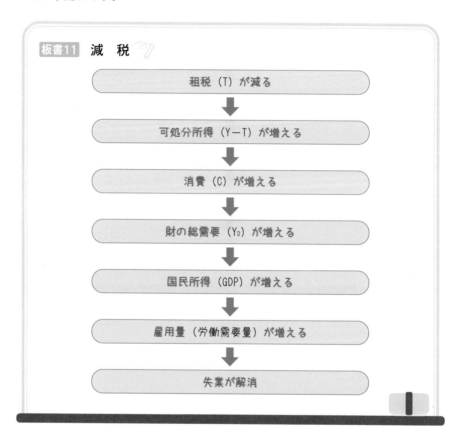

板書11 減　税

租税（T）が減る

↓

可処分所得（Y−T）が増える

↓

消費（C）が増える

↓

財の総需要（Y_D）が増える

↓

国民所得（GDP）が増える

↓

雇用量（労働需要量）が増える

↓

失業が解消

CHAPTER 2 で学習した乗数効果を復習しましょう。国民所得の増加分は、政府支出の増加分の $\dfrac{1}{1-限界消費性向\ (c_1)}$ 倍でしたね。つまり、政府支出を増加させると、その $\dfrac{1}{1-限界消費性向\ (c_1)}$ 倍国民所得（Y）が増えることになります。

同様に、減税がされると、租税の減少分（マイナスの増加分）の $\dfrac{-限界消費性向\ (c_1)}{1-限界消費性向\ (c_1)}$ 倍国民所得（Y）が増えることになります。

2　インフレーション時の財政政策【緊縮的財政政策】

　インフレが発生しているときには需要が多すぎるわけですから需要を減らす必要があり、いまの説明とは逆に、政府支出の減少あるいは増税を行うことによる消費の削減を促します。これらの政策が緊縮的財政政策に当たるわけですが、この流れを見てみましょう。

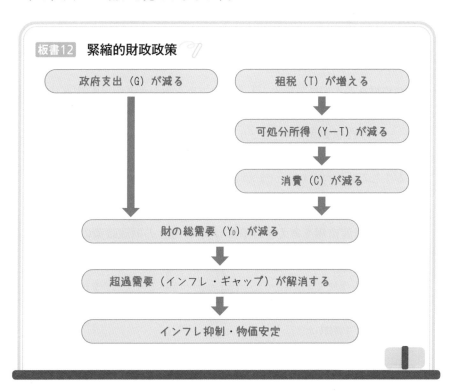

板書12　緊縮的財政政策

政府支出（G）が減る

租税（T）が増える

可処分所得（Y－T）が減る

消費（C）が減る

財の総需要（Y_D）が減る

超過需要（インフレ・ギャップ）が解消する

インフレ抑制・物価安定

3　資産市場を考えない場合の財政政策・まとめ

　ここまで説明してきた財政政策は、資産市場の存在を考慮に入れずに分析しているものです。「資産市場を考えない」とはどういうことかというと、CHAPTER 2の45度線分析のように、財市場だけを考えていることをいい

ます。

　では、財市場だけを考えるのと資産市場を同時に考えるのとで何が違うの
でしょうか。ここでは、資産市場で決まる利子率を一定と仮定している、と
いうことが重要です。

> このあと学習しますが、資産市場を考慮に入れると、財市場で国民所
> 得が拡大することで、これと連動して貨幣市場で利子率が上昇してし
> まう、という影響が生じます。それをいったん考慮外としたのが、こ
> れまでの説明です。

　資産市場を考えずに分析すると、政府支出を増やすと国民所得（GDP）が
増えます。どれだけ増えるかというと、CHAPTER 2で学習した乗数効果
の分、つまり政府支出乗数倍になります。

　同様に、減税を行うことでも国民所得（GDP）が増えます。こちらも乗数
効果が生じる分、つまり（マイナス）租税乗数倍になります。

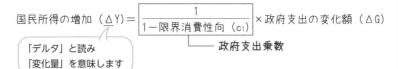

板書13　資産市場を考えない場合（利子率一定）の財政政策の効果

● 政府支出増加（G↑）の効果

$$国民所得の増加（\Delta Y）＝\boxed{\frac{1}{1－限界消費性向（c_1）}}×政府支出の変化額（\Delta G）$$

「デルタ」と読み
「変化量」を意味します

　　　　　　　── 政府支出乗数

● 減税（T↓）の効果

$$国民所得の増加（\Delta Y）＝\boxed{\frac{－限界消費性向（c_1）}{1－限界消費性向（c_1）}}×租税の変化額（\Delta T）$$

　　　　　　　── 租税乗数

租税乗数の分子にはマイナスの符号がありますが、減税の場合、租税乗数に掛けられる「租税の変化額（ΔT）」がマイナスの値になるため、マイナスの値どうしを掛け合わせることで、国民所得の増加（ΔY）はプラスの値となります。

4 資産市場を考えた場合の財政政策

　ここまでの財政政策の分析では、財市場のみを考えるために利子率が一定で変動しないという仮定をおいていました。しかし、CHAPTER 3で学んだ資産市場も考慮すると、政府支出や減税によって国民所得が増えると利子率が上がってしまい、投資が減少するという副作用が起こることがわかっています。

　これをクラウディング・アウトといい、公務員試験でよく問われる論点です。

1 クラウディング・アウトとは

　今度は、財市場だけではなく資産市場も同時に考えます。

　拡張的財政政策によって国民所得（GDP）が増加すると、生産を行う企業は需要が増えるため増産態勢をとることになります。そこで増産のために資金を調達しようと動くため、貨幣市場で貨幣需要が高まります（M_D↑）。

　すると貨幣市場で超過需要（貨幣不足）が起こり、これを解消するように貨幣のレンタル価格である利子率が上昇していくのです（r↑）。このように、財市場で決まる国民所得（GDP）も資産市場で決まる利子率も同時に動きます。利子率も動くという前提で不況期の財政政策の効果を検討しましょう。

　すると、これもCHAPTER 3の復習になりますが、利子率が上がると投資（I）が下がるという逆向きの対応関係がありました。このように、政府支出の増加や減税などの財政政策によって国民所得が増えると投資が減ってしまうという副作用が起こります。この副作用をクラウディング・アウトといいます。

クラウディング・アウト

```
          ┌─────────────────────┐
          │  政府支出（G）が増える  │
          └─────────────────────┘
                    ▼
  財        ┌─────────────────────┐
  市        │ 財の総需要（Yᴅ）が増える │
  場        └─────────────────────┘
                    ▼
          ┌─────────────────────┐
          │ 国民所得（GDP）が増える  │
          └─────────────────────┘
                    ▼
          ┌─────────────────────┐
  貨        │  貨幣需要（Mᴅ）が増える │
  幣        └─────────────────────┘
  市                ▼
  場        ┌─────────────────────┐
          │  利子率（r）が上がる    │
          └─────────────────────┘
                    ▼
          ┌─────────────────────┐
          │  投資量（I）が減る     │
          └─────────────────────┘
                    ▼
  財        ┌─────────────────────┐
  市        │ 財の総需要（Yᴅ）が減る  │
  場        └─────────────────────┘
                    ▼
          ┌─────────────────────┐
          │ 国民所得（GDP）が減る   │
          └─────────────────────┘
```

財市場

貨幣市場

財市場

クラウディング・アウト（副作用）

クラウディング・アウト（crowding out）は「締め出す」、「押し出す」という意味の言葉です。クラウド（crowd）には「群衆」という意味もありますね。
拡張的財政政策で増加した国民所得が貨幣需要をもたらし、その混雑のあまり投資が締め出されてしまう、という現象を表しています。

2 クラウディング・アウトが起こらないケース

　拡張的財政政策を行うとクラウディング・アウトという副作用が起こるのが通常なのですが、<mark>流動性の罠が生じている場合や投資が利子非弾力的な場合ではクラウディング・アウトが起こらない</mark>場合もあります。

　この場合には副作用が起こらないので効果は大きくなり、資産市場を考慮しなかった場合と同じ効果になります。

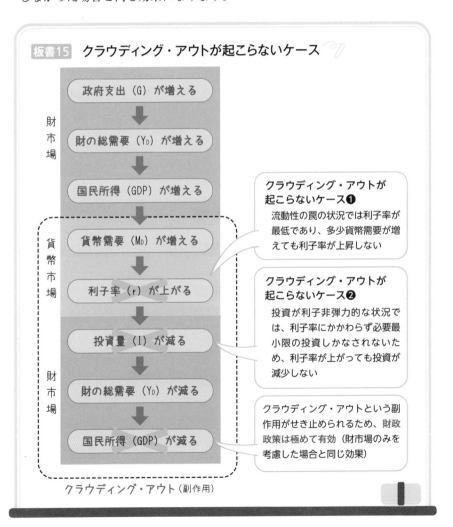

板書15　クラウディング・アウトが起こらないケース

財市場
- 政府支出（G）が増える
- 財の総需要（Y_D）が増える
- 国民所得（GDP）が増える

貨幣市場
- 貨幣需要（M_D）が増える
- 利子率（r）が上がる

財市場
- 投資量（I）が減る
- 財の総需要（Y_D）が減る
- 国民所得（GDP）が減る

クラウディング・アウトが起こらないケース❶
流動性の罠の状況では利子率が最低であり、多少貨幣需要が増えても利子率が上昇しない

クラウディング・アウトが起こらないケース❷
投資が利子非弾力的な状況では、利子率にかかわらず必要最小限の投資しかなされないため、利子率が上がっても投資が減少しない

クラウディング・アウトという副作用がせき止められるため、財政政策は極めて有効（財市場のみを考慮した場合と同じ効果）

クラウディング・アウト（副作用）

Section 5　経済政策の効果

こんなことを学習します

財政政策　金融政策

スィスィスィーッ　キィキィキィ

CHAPTER 4 で学習してきた経済政策（金融政策や財政政策）は、景気の変動に政策的に介入することで、安定的な経済を実現しようとする試みです。

これまで見てきた経済政策を実際の経済に適用する場面において、経済学者たちがどのように考えていたのかを見ていきましょう。

1　初期ケインジアンの主張

「初期ケインジアン」とは、世界大恐慌の時代のケインズの有効需要の原理を支持する学者のグループです。

世界大恐慌は深刻な不況ですから、最低の利子率の状態である「流動性の罠」に陥っており、かつ、利子率が下がっても投資が増えないという「投資が利子非弾力的」なケースです。Section 2 と Section 4 で見てきたとおり、どちらのケースも金融政策は効果がありませんが、財政政策はクラウディング・アウトという副作用が起こらないので効果は大きいという結論になります。

ですから初期ケインジアンは金融政策ではなく財政政策を行うべきだと主張しました。では初期ケインジアンの考えを 板書16 に整理しておきましょう。

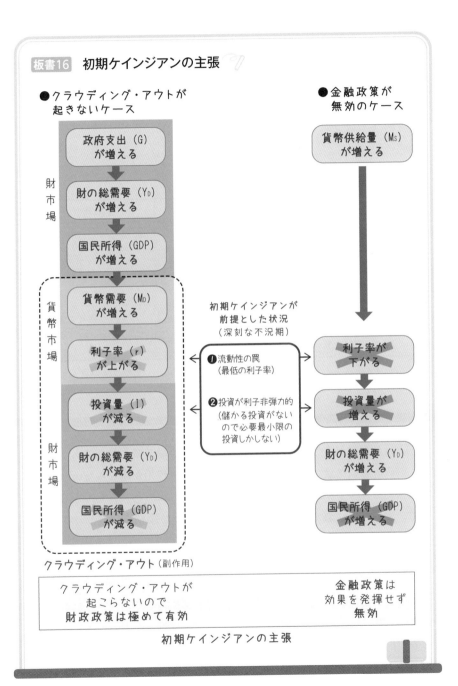

板書16 初期ケインジアンの主張

●クラウディング・アウトが
　起きないケース

●金融政策が
　無効のケース

財市場
```
政府支出（G）
が増える
   ↓
財の総需要（Y_D）
が増える
   ↓
国民所得（GDP）
が増える
```

貨幣市場
```
貨幣需要（M_D）
が増える
   ↓
利子率（r）
が上がる
   ↓
```

財市場
```
投資量（I）
が減る
   ↓
財の総需要（Y_D）
が減る
   ↓
国民所得（GDP）
が減る
```

クラウディング・アウト（副作用）

初期ケインジアンが
前提とした状況
（深刻な不況期）

❶流動性の罠
（最低の利子率）

❷投資が利子非弾力的
（儲かる投資がない
ので必要最小限の
投資しかしない）

```
貨幣供給量（M_S）
が増える
   ↓
利子率が
下がる
   ↓
投資量が
増える
   ↓
財の総需要（Y_D）
が増える
   ↓
国民所得（GDP）
が増える
```

クラウディング・アウトが
起こらないので
財政政策は極めて有効

金融政策は
効果を発揮せず
無効

初期ケインジアンの主張

2 財政政策はアクセル、金融政策はブレーキ

　専門家の間ではよく「財政政策はアクセル、金融政策はブレーキ」といわれます。このフレーズの意味するところを今まで学んできたことを総動員して説明しましょう。

板書17　財政政策と金融政策のまとめ

	財政政策	金融政策
深刻な不況期 ❶流動性の罠 ❷投資が利子非弾力的 ⇒景気を加速させる [アクセル]が必要	○ **効果が大きい** [クラウディング・アウト 効果が発生しない]	× **無効**
景気過熱期 ⇒インフレを抑えるため [ブレーキ]が必要	× **実行困難** 〔政治的に実現が困難〕	○ **実行しやすく有効**

　　　　　　　　　　　　　財政政策はアクセル　　金融政策はブレーキ

　板書17 からわかることは、深刻な不況期には金融政策の効果はありませんが、財政政策はクラウディング・アウトという副作用が起こらないので効果が大きくなります。つまり、不況で景気をよくしようとアクセルを踏むときには、金融政策は頼りにならず財政政策のほうが頼りになるということで「財政政策はアクセル」と言われます。

　一方、景気がよすぎて需要が多くインフレーションが発生している場合には、金融引締政策か緊縮的財政政策によって需要を減らす必要が出てきます。金融引締政策は中央銀行が行うので比較的容易に行うことができますが、緊縮財政政策は議会の決定が必要であり、政治家は景気がよいときであっても政府支出の削減や増税を嫌うので政治的になかなか実現することができません。ですから、景気がよすぎるときにブレーキをかける場合には、財政政策

はなかなかできないので金融政策に頼ることになります。これを「金融政策はブレーキ」という言い方をします。

「財政政策はアクセル、金融政策はブレーキ」というフレーズはまさしく 板書17 の内容を一言で表したということができるでしょう。

ここまででマクロ経済学のはじめの一歩は終わりです。 板書17 にマクロ経済学の内容が詰まっていますので、皆さん方はこのチャートを自分で書いて説明できるようになっていればマクロ経済学の大枠はわかったと言ってよいでしょう。 板書17 とそこに至る経済をしっかりと復習してください。

CHAPTER 4 過去問チェック！

● 次の各記述が妥当かどうか（○か×か）を判断しなさい。

問1　Section 1 ④

中央銀行は、預金準備率と公衆の現金・預金比率のコントロールを通じてマネーサプライをコントロールすることができる。

国家一般職2005

問2　Section 1 ②・⑤

市場の利子率は公定歩合に連動して決まるため、公定歩合の変更はわが国の金融政策の中心的手段であり続けている。

裁判所2015

問3　Section 1 ④

中央銀行による法定準備率の引き上げは、民間に出回るマネーストックの量を増やす。

裁判所2016

問4　Section 1 ②

公開市場操作とは、中央銀行が、保有している債券を、債券市場において売買することによってハイパワード・マネーをコントロールする政策である。このうち、買いオペレーションとは、債券を購入することによってハイパワード・マネーを減少させる政策である。

国家専門職2016

問5　Section 1 ⑤

アナウンスメント効果とは、政策が公表された時点で経済主体がそれを織り込んで行動する結果、実際の政策発動前に現れる効果のことである。

裁判所2014

問6　Section 2 ③

積極的な金融緩和政策を行っても、流動性の罠に陥っている場合には、利子率の低下は起こらない。

裁判所2016

問7 Section 2 **3**

利子率がゼロに近づくと、貨幣需要の利子弾力性が非常に大きくなるという「流動性のわな」の状態が生じるため、財政政策の効果は小さくなる。 裁判所2012

解答
────────────────────

問1 × 中央銀行が行う金融政策の手段の1つに法定準備率操作があります。これは法定準備率を上げたり下げたりすることで、市中銀行の預金準備率を連動して上下させ、貨幣乗数に影響を及ぼす手法です。

ですから、中央銀行が直接操作するのは預金準備率ではなく法定準備率です。また、現金・預金比率は中央銀行が操作できるものではあ

りません。

問2 ✕　公定歩合（基準貸付利率）とは、日銀が市中銀行に貸付けを行う際の利子率です。「市場の利子率は公定歩合に連動して決まる」という記述は規制金利の時代のことで、現在では金利（利子率）は市場の需要と供給によって決まるので誤りです。

　　　　また、現在の我が国の金融政策の中心的手段は公定歩合操作ではなく、公開市場操作となっています。

問3 ✕　法定準備率が引き上げられると、これに連動して市中銀行の預金準備率も上昇します。

　　　　これは、市中銀行の預金のうち個人や企業への融資に回せない分が増えることを意味しますから、民間に出回る貨幣供給量（マネーストック）は増えるのではなく減ることがわかります。

問4 ✕　公開市場操作についての前半の説明は正しいです。

　　　　このうち買いオペレーションとは中央銀行が債券を市場で購入するものであり、購入時に支払った代金が中央銀行から市場に供給されますから、買いオペレーションによってハイパワード・マネーは減少するのではなく増加することがわかります。

問5 ◯　アナウンスメント効果は、公定歩合操作が有する効果の１つです。これから実施される政策が公表されることによって、人々がそれを見込んで行動を決定する結果、政策が実行されるより前に効果が表れてしまうことをいいます。

問6 ◯　流動性の罠とは、深刻な不況期において利子率が下限に達している（それ以上下がらない）状況をいいます。このような状況で金融緩和政策を行っても利子率は下がらず、投資を拡大させて景気を温める効果が得られません。

問7 ✕　流動性の罠の状況では、金融政策の効果はほとんど得られないのに対し、財政政策の効果は大きく現れます。通常、国民所得（GDP）が拡大すると、貨幣市場において利子率が上がってしまい、投資が減少するクラウディング・アウトという副作用が起こりますが、流動性の罠の状況では多少の貨幣需要の増加があっても利子率が動かず、クラウディング・アウトが生じないためです。

入門講義編

第2編
ミクロ経済学

CHAPTER 1

価格の決まり方
― 需要と供給 ―

オリエンテーション編でもダイジェストで紹介した、需要と供給の関係について、より詳しく理解するための説明をしていきます。また、ある財の市場全体について、価格や生産量が調整されるプロセスを学習し、市場が安定的か不安定かを判断できるようにします。

需要曲線

こんなことを学習します

ここからはミクロ経済学の範囲に入ります。一国の経済全体を分析していたマクロ経済学とは違い、ミクロ経済学では細かい視点で経済学的な分析をしていきます。

オリエンテーション編でも少し触れましたが、財の価格と需要の関係についてより踏み込んだ理解をするための学習をしていきます。以前は「価格が下がるとお買い得になるので需要量が増える」という説明にとどめていましたが、ここではより正確に、代替効果と所得効果という2つの効果に分解して説明していきます。

1 家計の消費を分析するための仮定

物やサービスなどの財を消費する主体を消費者といいますが、経済学ではこの消費者のことを「家計」とも呼びます。この家計は労働市場で労働を提供して賃金を受け取り、その賃金で財を消費します。

「家計簿」というときの家計のことで、私たちは消費をするときに家族全員の消費の金額を考えながら消費をしているはずです。ですから、消費の意思決定をするのは家族全員の「家計」だと考えるのです。
つまり、消費者という役割を1つの家族という単位で捉えたものと考えておけばよいでしょう。

現実経済では、家計は限られた予算のもとで、たくさんの財の中からいくつかの財の消費をするわけですが、それでは話が複雑になってしまうので、

いくつかの仮定をおいて現実経済を単純化します。 板書1 を見てみましょう。

板書1 家計の消費を分析する際の仮定

仮定❶	家計は効用最大化を目的にして合理的に行動する
仮定❷	家計は財の消費によってのみ効用を得る
仮定❸	財はX財とY財の2種類のみ存在する

それでは、この仮定の意味するところについて順番に見ていきましょう。

1 仮定❶：家計は効用最大化を目的にして合理的に行動する

例えばお腹が減っているときに、パンを買って食べるとします。パンという財を消費しているわけです。すると、そのパンがおいしかったとか、空腹が満たされたとか、そういった満足感を得ることができます。このように、財を消費することによって得られる満足度、満足の大きさのことを効用といいます。

効用 ⬆
（おいしい）

仮定❶にある「家計は効用最大化を目的にして合理的に行動する」とは、家計はこの効用がなるべく大きくなるように行動する、という意味です。この仮定は効用最大化原理といわれます。

2 仮定❷：家計は財の消費によってのみ効用を得る

これも単純化のための仮定です。「家計は財の消費によってのみ効用を得

る」とは、財を消費する以外の手段で効用が増える場合を考えないということです。

現実には、例えば食事をするのに1人で食べるのと親しい人といっしょに食べるのとでは、後者のほうが効用が高い（おいしく感じる、楽しい時間を過ごせる）と感じることがあるでしょうが、このような要素を考慮してしまうと複雑になってしまうので、そのような形で得られる効用はないと仮定します。

3 仮定❸：財はX財とY財の2種類のみ存在する

現実世界にはたくさんの財が存在しますが、それでは複雑すぎて分析できないので、財は2種類しかないことにします。この2種類の財をX財、Y財と名づけ、「財はX財とY財の2種類のみ存在する」と仮定します。

> X財の消費量をx、Y財の消費量をyとそれぞれ小文字のアルファベットで表し、X財の価格をP_x、Y財の価格をP_yとそれぞれ価格を表すPに添え字を付けて表すことにします。

2 所得変化の影響【所得効果】

それでは、ここからは 板書1 で仮定した単純な世界（理論モデル）を考えていきます。

まず、家計が財の消費量を変化させるきっかけの1つとして所得の変化が挙げられます。「収入が増えればたくさんの財を消費できる」、というのは納得しやすいと思うのですが、必ずしもそうなるわけではありません。財の種類によって所得の変化が消費量に与える影響の現れ方が違うからです。

1 上級財・中立財・下級財

まず、これからの議論がわかりやすくなるように、財の種類についてこれまでより細かく見ておきましょう。

❶ 上級財

所得が増えると消費量が増える財を**上級財**といいます。世の中にある大半の財はこの上級財に当たるため、**正常財**ともいわれます。

❷ 中立財

所得が増えても消費量が変化しない財を**中立財**といいます。**中級財**ともいわれます。

❸ 下級財

所得が増えるとかえって消費量が減る財を**下級財**といいます。**劣等財**ともいわれます。

　下級財については、所得が増えて消費が減るというのがどういうことかわかりにくいかもしれないので、具体的に説明しましょう。

　普段節約のために価格の安い学食のコーヒーを飲むけれど、アルバイトをがんばって手持ちのお金が多いときは比較的価格の高いスターバックスのコーヒーを飲む人がいるとします。この人は所得が多ければ多いほど学食のコーヒーを飲む回数を減らしてスターバックスのコーヒーを飲む回数を増やします。逆に所得が少なければ少ないほど学食のコーヒーを飲む回数を増やしてスターバックスのコーヒーを飲む回数を減らします。

下級財
（学食のコーヒー）

上級財
（スターバックスのコーヒー）

　この例において、学食で飲むコーヒーが下級財に当たり（所得が増えると消費量が減る）、スターバックスで飲むコーヒーが上級財に当たります（所得が増えると消費量が増える）。

2 所得効果

　いまの財の説明にも出てきたとおり、**所得が増えたり減ったりすると、財の種類によってはその消費量が連動して増えたり減ったりする**ことがわかります。

　このように、所得の変化が財の消費量に与える影響を所得効果といいます。所得効果がそれぞれの財に与える影響をまとめたのが次の 板書2 です。

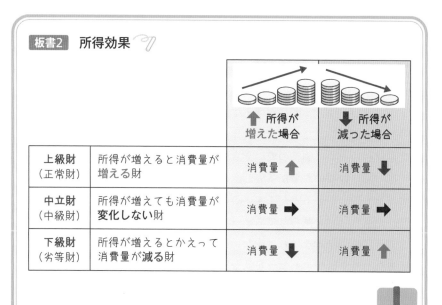

		⬆ 所得が増えた場合	⬇ 所得が減った場合
上級財（正常財）	所得が増えると消費量が増える財	消費量 ⬆	消費量 ⬇
中立財（中級財）	所得が増えても消費量が**変化しない**財	消費量 ➡	消費量 ➡
下級財（劣等財）	所得が増えるとかえって消費量が**減る**財	消費量 ⬇	消費量 ⬆

板書2　所得効果

3 価格変化の影響【代替効果と所得効果】

　次に、財の価格の変化が消費量に与える影響について見ていきます。これも、財の価格が下がれば買いやすくなるため消費量が増える、というイメージは湧くと思います。これについて、先ほど出てきた所得効果に加えて、「代替効果」という影響を加えて考えていきます。

1 代替効果

　先ほど仮定したとおり、市場には**X財とY財の2財**しかありません。家計はこの2つの財を消費して効用を得ています。

　ここで、所得とY財の価格（P_y）はそのままでX財の価格（P_x）だけが下落したとします。X財が相対的に安くなる（割安）ので、家計はY財を買う量を減らして代わりに割安になったX財を買う量を増やします。つまり、Y財の消費量が減り（y↓）、X財の消費量が増えます（x↑）。

　同様にY財の価格（P_y）はそのままですが、今度はX財の価格（P_x）だけが上昇したとします。X財の価格が相対的に高くなる（割高）ので、家計は割高になったX財を買う量を減らしてY財を買う量を増やします。つまり、Y財の消費量が増え（y↑）、X財の消費量が減ります（x↓）。

　このように、財の価格の相対的な変化によって、消費が別の財に取って代わられる（代替される）効果を**代替効果**といいます。 板書3 を見てみましょう。

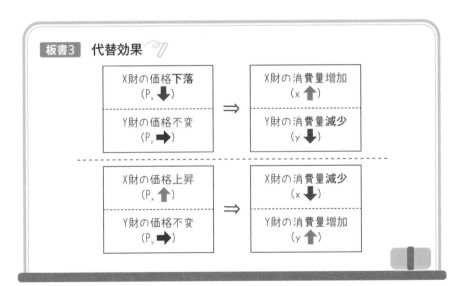

板書3　代替効果

X財の価格**下落** (P_x ⬇)		X財の消費量増加 (x ⬆)
Y財の価格不変 (P_y ➡)	⇒	Y財の消費量減少 (y ⬇)
X財の価格上昇 (P_x ⬆)		X財の消費量減少 (x ⬇)
Y財の価格不変 (P_y ➡)	⇒	Y財の消費量増加 (y ⬆)

2 所得効果

次に所得効果についても考えます。いま検討しているのは財の価格が変化しているケースであり、所得が上がったり下がったりしているわけではないのに、所得効果を考慮するのはなぜだろう？　と思うかもしれません。

ここで考えるべきなのは実質所得、つまり「財を何個買えるか」という所得の本質のほうです。X財の価格が上昇すると、同じお金でX財を買える個数が減ります。逆にX財の価格が下落すると、同じお金でX財を買える個数が増えます。

このとき、**価格の変化に伴って実質所得が変化している**ことがわかります。板書4 を見てみましょう。

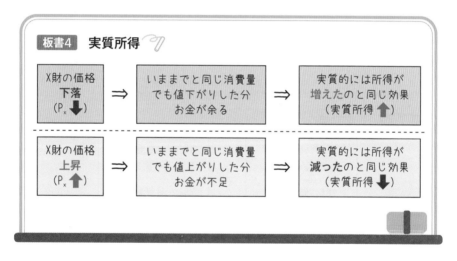

板書4　**実質所得**

X財の価格 下落 (Pₓ↓)	⇒	いままでと同じ消費量でも値下がりした分お金が余る	⇒	実質的には所得が増えたのと同じ効果（実質所得↑）
X財の価格 上昇 (Pₓ↑)	⇒	いままでと同じ消費量でも値上がりした分お金が不足	⇒	実質的には所得が減ったのと同じ効果（実質所得↓）

実質所得が上がったり下がったりすることによる消費量の変化（所得効果）については、先ほど 板書2 で見たものと同じです。つまり、X財の性質（上級財か中立財か下級財か）によって異なる現れ方をします。

ちなみに「名目所得」は所得の額面そのものを指します。
「名目所得」と「実質所得」の意味合いがわからなければ、第1編（マクロ経済学）のCHAPTER 1で、「名目」と「実質」の違いを学習したことを思い出しましょう。

3 全部効果

　ここまで、財の価格が変動することが、財の消費量にどのような影響を及ぼすかを、代替効果と所得効果に分けて見てきました。代替効果と所得効果を合わせた効果を全部効果といいますが、この全部効果がどのように表れるかを 板書5 で見てみましょう。

板書5　全部効果

価格の変化	代替効果	所得効果	全部効果
P_x ↓	x ↑	X財が上級財： x ↑	X財が上級財： x ↑
		X財が中立財： x →	X財が中立財： x ↑
		X財が下級財： x ↓	X財が下級財： ※
P_x ↑	x ↓	X財が上級財： x ↓	X財が上級財： x ↓
		X財が中立財： x →	X財が中立財： x ↓
		X財が下級財： x ↑	X財が下級財： ※

　例えばX財の価格が下落した場合（P_x↓）、代替効果ではX財の消費量が増加します（x↑）。実質所得が増加することによって所得効果は財の種類ごとに違った形で現れ、それぞれ代替効果と合計したものが全部効果となって現れます。下級財については、代替効果と所得効果が逆向きに働くため、それぞれの効果の大小によって全部効果の方向が変わります（※部分）。

4 需要曲線

　ここまで、財の価格の変化と消費量の変化の関係を見てきました。
　所得効果や全部効果の現れ方は財の種類によって異なったものになります

が、多くの財は上級財ですので、いまX財も上級財であると仮定します。

　すると、板書5からわかるように、X財の価格が下落すると（P_x↓）代替効果も所得効果もX財の消費量が増加する結果になることがわかります（x↑）。つまり、財の価格と消費量は逆の方向に変化する（一方が増えるともう一方が減る）関係にあることになります。

　例えば、X財の価格（P_x）が100円から80円に値下がりしたときに、X財の消費量（x）が20個から30個に増えるとしましょう。この関係を、縦軸にX財の価格、横軸にX財の消費量（需要量）としてグラフにすると板書6のような右下がりの需要曲線となります。需要曲線についてもオリエンテーション編で説明しましたね。

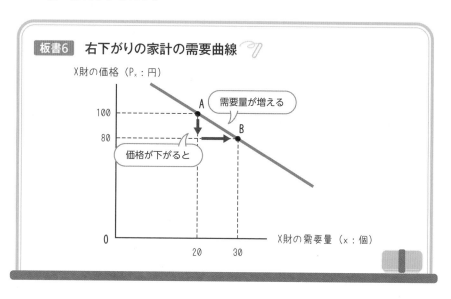

板書6　右下がりの家計の需要曲線

X財の価格（P_x：円）

需要量が増える

価格が下がると

A

B

100

80

0

20　30

X財の需要量（x：個）

「消費量」と「需要量」は同じ意味で使われています。ここまでは家計の消費行動を分析してきており、消費者の行動理論を扱ううえでは「消費量」といいますが、需要曲線のときには「需要量」という用語を使います。
家計が需要したものが消費されるわけですからどちらも同じ意味であり、違いを気にする必要はありません。

このような右下がりの形の需要曲線は、「価格が下がればお買い得になるので需要量が増える」という、私たちの日常的な感覚とも一致するのではないでしょうか。バーゲンセールで大幅な割引があるときにお店がとても混雑している（＝需要が高まっている）ような場面を思い浮かべると理解しやすいでしょう。

4 ギッフェン財

1 ギッフェン財とは

しかし、ロバート・ギッフェンというイギリスの経済学者は、価格が上がるとかえって需要量が増えるという性質を持つ特殊な財があると指摘しました。この財は彼の名にちなんで**ギッフェン財**と呼ばれます。

ギッフェン財の例として、19世紀半ばにアイルランドで飢饉が発生したときのジャガイモが挙げられます。当時のアイルランドは極めて貧しく、農民は安いジャガイモを主食としていました。彼らは所得が増えるとジャガイモを食べるのをやめて高価な他の財を消費するので、ジャガイモは下級財に当たります。ジャガイモ以外の財もたくさんありますが、ここでは単純化のため、X財としてジャガイモ、Y財として肉があり、それ以外の財は存在しないものとしましょう。

つまり、農民はジャガイモを買うか肉を買うかという選択をすると単純化して考えるわけです。

当時、飢饉が起こりジャガイモの価格が上昇しました。**主食であるジャガイモの価格が上がってしまうと農民は余裕がなくなり**（＝実質所得が減少し）、**高価な肉をやめてジャガイモの消費量を増やしました。**つまり、ここでのジャガイモは価格が上がると需要量が増えるギッフェン財だということができます。

2 ギッフェン財の代替効果と所得効果

例に挙げたアイルランドの飢饉下でのジャガイモが下級財であったことからわかるとおり、**ギッフェン財は下級財のうちの特殊な財**ということになります。 板書7 で、ギッフェン財の価格が上がったときの消費量の変化を、代替効果と所得効果に分けて分析してみましょう。

板書7　ギッフェン財の全部効果

価格の変化	代替効果	所得効果	全部効果
P_x ⬆	x ⬇	X財が下級財：x ⬆⬆	X財が下級財：x ⬆

X財（ジャガイモ）の価格が上がると、Y財（肉）に比べてX財が割高だと感じられるため、X財の消費量が減少します。これが代替効果です。

一方、主食であるジャガイモの価格が上がるということは、同じお金で買えるジャガイモの個数が減ることになります。つまり、実質所得が下がっているわけです。**実質所得が下がったときには下級財の消費量が増加しますから、X財（ジャガイモ）の消費量が増えます。これが所得効果です。**

全部効果は代替効果と所得効果を合計したものですが、いま、このジャガイモはギッフェン財であり、価格が上昇すると消費が増える財だと説明しました。全部効果として消費が増加するわけですが、代替効果と所得効果は逆向きに働いています。ということは、ギッフェン財は、下級財のうち、所得効果のほうが代替効果より大きく現れる性質の財である（所得効果＞代替効果）ということがわかります。

噛み砕いていうと、❶「値上がりしたから他の物を買いたいな」という気分（代替効果）と❷「お金がないから安いものを買わなきゃな」という気分（所得効果）がぶつかる結果、❷の気分が勝つためにジャガイモの消費量が増える、ということになります。

3 ギッフェン財の需要曲線

　ギッフェン財は「価格が上がれば需要量が増える」という性質を持った財です。例えば、価格が80円から100円に上昇したときに需要量が20個から30個に増えるとしましょう。これを先ほどと同様に需要曲線としてグラフ化すると、 板書8 のように右上がりの直線となります。

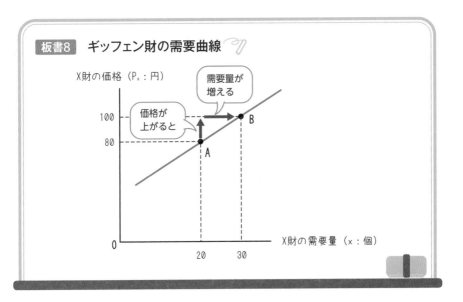

板書8　ギッフェン財の需要曲線

X財の価格（Pₓ：円）

需要量が
増える

価格が
上がると

100
80

B
A

0

20　　30

X財の需要量（x：個）

ミクロ経済学

CH1

価格の決まり方　―需要と供給―

Section 2 供給曲線

こんなことを学習します

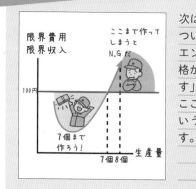

次は、価格と供給量の関係を表す供給曲線について学習します。供給曲線についてもオリエンテーション編で一度出てきており、「価格が上がると儲かるから企業は供給量を増やす」という説明をしていました。
ここではより正確に、限界収入と限界費用というキーワードを使って説明をしていきます。

1 企業の供給を分析するための仮定

　ここからは、財を供給する側である企業の経済活動について見ていきます。

　経済学では、財を消費するのは家計ですが、供給するのは企業であると考えます。ですから、供給曲線を求めるためには企業の行動を分析する必要があります。**企業は労働市場で賃金を支払って労働を雇用し、その労働を使って財を生産し供給します。**

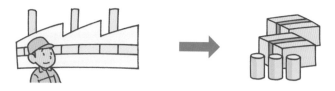

　現実経済では、企業は多数の財を生産していますし、必ずしも儲け（利潤）だけを追求するのではなく社会貢献活動などを行うこともあります。しかし、やはりそれでは話が複雑になってしまうので、 板書8 でいくつかの仮定をお

いて現実経済を単純化します。

板書8 企業の生産活動を分析する際の仮定

仮定 ❶	企業は利潤を最大化することを目的とする
仮定 ❷	企業は1種類の財しか生産しない

それでは、この仮定の意味するところについて順番に見ていきましょう。

1 仮定❶：企業は利潤を最大化することを目的とする

これは会社組織の行動原理として社会通念的にも理解できる仮定かもしれませんが、しっかり内容を理解しておきましょう。利潤というのは企業が得る儲けのことで、「利潤＝総収入−総費用」という式で表すことができます。

「企業は利潤を最大化することを目的とする」という仮定は、企業は利潤が最大になるように財の生産量を決めるということを示しており、このことは利潤最大化原理と呼ばれます。

2 仮定❷：企業は1種類の財しか生産しない

こちらは単純化のための仮定です。現実経済では、企業はたくさんの財を生産しているのですが、それでは複雑すぎて分析しづらいので、「企業は1種類の財しか生産しない」と仮定します。

2 完全競争企業の収入

1 完全競争市場

　企業は、その経済活動がどのような市場に直面しているかによっていくつかの種類に分類されますが、ここでは完全競争企業について説明していきます。**完全競争企業**というのは、完全競争市場に存在する企業を指します。まず、この完全競争市場について説明しましょう。

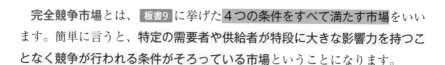

板書9　**完全競争市場とは**

❶ 需要者も供給者も**多数存在**する
❷ どの企業（供給者）の商品も同品質（商品の質に違いがない）
❸ 需要者も供給者も商品の取引に必要な**情報は十分持っている**
❹ 長期的には市場への参入・退出を自由に行える

　完全競争市場とは、板書9に挙げた**4つの条件をすべて満たす市場**をいいます。簡単に言うと、**特定の需要者や供給者が特段に大きな影響力を持つことなく競争が行われる条件がそろっている市場**ということになります。

完全競争企業のほかにも、独占企業、寡占企業、独占的競争企業などの種類が存在しますが、完全競争企業以外の企業についてはCHAPTER 3で解説します。

2 プライステイカー

完全競争企業はこの完全競争市場に存在しているわけですが、「❶需要者も供給者も多数存在する」ので、多数存在する供給者のうちの1社にすぎない企業はとても小さな存在です。

また、「❷どの企業の商品も同品質」ということは他社と同じものしか作っていないので、市場価格よりも1円でも高ければ誰もその企業の商品を買ってくれません。そのため、**市場価格で販売するしかないわけです**。

このように、市場で決まった価格を受け入れるだけの存在をプライステイカーといいます。プライステイカーには価格支配力がありません。

3 限界収入曲線

❶ 限界収入

完全競争企業はプライステイカーなので、生産する財の市場価格が100円と決まれば常に100円でこれを供給します。他社の供給する財もすべて100円なので、家計からも100円で需要してもらえます。

このような状況では、企業が財の生産を1個増やすと、その企業の総収入が財の市場価格である100円増加します。生産量を1個増やしたときの総収入の増加分を**限界収入**（MR：Marginal Revenue）といいます。この場合の限界収入は100円です。

このように、**完全競争企業の限界収入は財の市場価格と等しくなります。**この企業にとって財の生産が1個目のときも、2個目のときも、3個目のときも、限界収入は常に100円となります。

❷ 限界収入曲線

　板書10の左側のグラフは、市場全体の需要量・供給量と市場価格の関係を表しています。一方右側のグラフは、市場に存在する1企業が生産量を1個、2個、3個……と増やしたときの限界収入の推移を表しています。この限界収入の推移を表したグラフを**限界収入曲線**といいます。限界収入は常に変わらず一定（ここでは100円）なので、**限界収入曲線は市場価格の高さで（P＝100円）横軸に対して水平**な形となります。

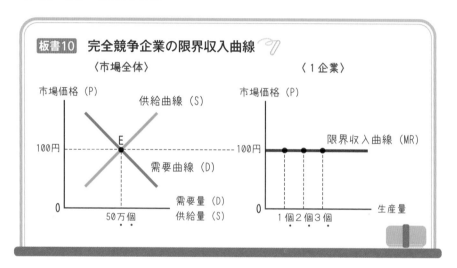

板書10　完全競争企業の限界収入曲線

〈市場全体〉

市場価格（P）
供給曲線（S）
100円
E
需要曲線（D）
0
50万個
需要量（D）
供給量（S）

〈1企業〉

市場価格（P）
限界収入曲線（MR）
100円
0
1個2個3個
生産量

左側のグラフは市場全体の需要量や供給量を表しているので横軸の数値の単位が大きく、右側のグラフは1企業の生産量を表しているので横軸の数値が小さい点に注意しましょう。

3 完全競争企業の費用

1 企業の費用を分析する際の仮定

次に、企業が生産活動を行ううえでの費用がどのように決まるかを考えて
いきます。ここでも、複雑な企業の生産活動をある程度単純化するためにい
くつかの仮定をおきます。**板書11**を見てみましょう。

板書11 **企業の費用を考える際の仮定**

仮定❶	企業は**労働**と**機械**だけを用いて財を生産する
仮定❷	企業は生産量に応じて労働量を自由に変えることができるが、機械の量は変えることができない

❶ 仮定❶：企業は労働と機械だけを用いて財を生産する

「労働」とは従業員の労働力のことで、労働を用いることで企業には人件
費が発生します。「機械」とは生産に必要な設備のことで、正確には「資本」
といいます。

労働　　　　　　　　　　　　　　　機械

実際には、企業が財を生産するに当たっては他にも原材料費や電気などの
光熱費なども必要になるのですが、すべて考えると複雑になってしまうので
単純化し、「企業は労働と機械だけを用いて財を生産する」と仮定します。

ミクロ経済学

CH 1
価格の決まり方 ―需要と供給―

❷　仮定❷：企業は生産量に応じて労働量を自由に変えることができるが、機械の量は変えることができない

　増産のときには一時的に人員を厚くして生産ラインをフル稼働させたり、逆に生産を抑えるときには人員を手薄にして少ない人数で回したり、という調整を行うことがあります。このように、労働の量を自由に変えることはありますが、生産の設備である機械を1台増やしたり、当面生産に必要ないから1台処分したり、ということはしない、と考えます。

> 機械（資本）の量を増減するのは人員を増減するより大掛かりな調整になるため、短期的な生産量の増減に対応する程度では機械の量は動かしません。企業は機械の台数は一定であるという制約のもとで、労働量を変えることで生産量を増減させるのだと考えます。

2 　限界費用曲線

❶　限界費用

　では、 板書11 で示した単純な世界（モデル）を前提に費用について考えていきましょう。

　いま、生産に使われる機械の量（台数）は変えることができず、労働量だけを変えて生産量を調整する状況を考えています。

　先ほど、生産量を1個増やした場合に収入がどれだけ増加するかという、限界収入の説明をしました。完全競争企業の限界収入は市場価格に一致して一定でしたね。同様に、生産量を1個増やした場合の費用の増加について考えてみます。

　生産量を1個増やしたときの総費用の増加分を限界費用（MC：Marginal Cost）といいますが、限界費用の増加分は一定ではなく変動します。

❷ 限界費用が変動する理由

　例えば、工場で機械1台を使って労働者が電子機器を生産しているとします。通常、機械には最も効率のよい生産量というものがあり、この機械は1時間あたりに電子機器を4個生産すると最も効率がよいものとします。

　この場合、生産量を1個、2個、3個、4個と4個まで増やすと効率がよくなるので、4個までは生産量を1個増やしたときの総費用の増加（限界費用）はだんだん小さくなります。

　しかし、4個を超えると、最も効率のよい生産量を過ぎてしまいます。5個、6個、7個、8個と生産量を増やすと、機械の最適生産量を超えて無理をして生産しているので、機械の調子が乱れるなどして効率が悪くなり、限界費用はどんどん上がっていきます。

❸ 限界費用曲線

　このように、限界費用は当初だんだんと小さくなっていき、あるポイントを境に増加に転じ、今度はだんだんと大きくなっていくことを想定（仮定）すると、横軸に生産量、縦軸に限界費用を取ったグラフではU字型の曲線として表すことができます。このU字型の曲線を限界費用曲線といいます。

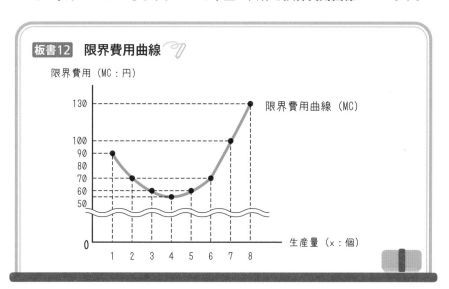

板書12　限界費用曲線

限界費用（MC：円）

限界費用曲線（MC）

130
100
90
80
70
60
50

0　1　2　3　4　5　6　7　8　　生産量（x：個）

4 利潤最大化生産量の決定

　ここまでに見てきた限界収入と限界費用という概念を踏まえると、生産量をどの水準に決めると企業にとって利潤が最大となるのか、を決定することができます。

　板書10 の限界収入曲線（MR）と **板書12** の限界費用曲線を次の **板書13** で同じグラフに重ねて描いてみましょう。

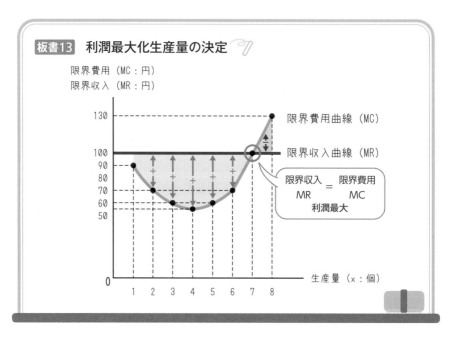

板書13　利潤最大化生産量の決定

限界費用（MC：円）
限界収入（MR：円）

限界費用曲線（MC）
限界収入曲線（MR）

限界収入 ＝ 限界費用
MR　　　　 MC
利潤最大

生産量（x：個）

　板書13 では、財の市場価格が100円ですから、限界収入（MR）は常に100円で横軸に対して水平となっています。限界費用（MC）は、生産量が4個になるまではだんだんと小さくなっていき、その後だんだんと大きくなっていきます。生産量が7個のときに限界収入曲線と交わる100円という値になり、その後も増え続けていきます。

　1個目を生産するとき、限界収入は100円で限界費用は90円なので、収入は100円増えますが費用は90円しか増えません。つまり差にあたる10円だ

け利潤（儲け）が増えるので、企業が1個目の生産を行うのは合理的です。2個目を生産するとき、限界収入は100円で限界費用は70円なので、30円だけ利潤が増えますから、2個目の生産を行うのも合理的です。このように、**限界収入曲線が限界費用曲線より高い位置にある間は、追加の生産を行うごとに企業の利潤が増えていきます**。企業にとっては、もっと生産すればもっと利潤を増やせるので、**この範囲の利潤は企業にとって最大であるとはいえません**。

7個目の生産を行うと、限界収入と限界費用がともに100円で一致します。さらに8個目の生産を行うと、今度は限界費用のほうが大きくなり、損失が発生するようになってしまいます。よって**8個目以降の生産を行うことは合理的ではありません**。

つまり、**企業にとっての利潤最大化生産量は、限界収入（MR）と限界費用（MC）が等しくなる生産量に決まる**ことがわかります。この場合の利潤最大化生産量は7個です。

限界収入曲線と限界費用曲線が交わっているポイントは、「生産量を増やしてもこれ以上利潤を増やせないポイント」、つまり利潤を取り尽くしているポイントということができます。

5 企業の供給曲線

　いま説明したとおり、市場価格が100円のときの完全競争企業の限界収入は常に100円なので、限界収入曲線（MR）は100円の高さで水平となり、企業は限界収入（MR）と限界費用（MC）が等しくなる点Eの生産量7個を利潤最大化生産量と決定します。

　では、市場価格が100円でない場合はどうでしょうか？

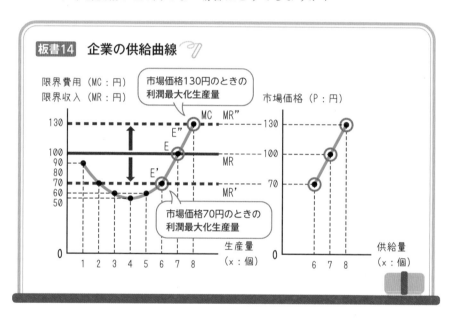

板書14　企業の供給曲線

　まずは 板書14 の左のグラフから見ていきましょう。例えば、市場価格が70円に下がったら、限界収入曲線（MR）が下方にシフトして70円の位置で横軸と水平になります（MR'）。これに連動して限界費用曲線と交わる位置も点E'に変わりますので、市場価格が70円のときの利潤最大化生産量は点E'のときの6個となります。

　逆に市場価格が130円に上がったら、限界収入曲線（MR）が上方にシフトして130円の位置で横軸と水平になります（MR"）。同じく限界費用曲線と交わる位置も点E"に変わり、市場価格が130円のときの利潤最大化生産量は

8個となります。

　これはつまり、**市場価格が70円のときは6個、100円のときは7個、130円のときは8個、企業が財を供給する**のだということを表しています。オリエンテーション編でも学習した供給曲線とはこのように、財の市場価格と供給量（生産量）の関係を表したものであり、点E'、E、E"を結ぶと右のグラフのように、**右上がりの直線**となります。 板書14 の左右のグラフを比べてみると、点E'、E、E"を結んだ供給曲線は限界費用曲線（MC）の右上がりの部分であることがわかります。

　このように、**供給曲線と限界費用曲線は部分的に一致します**。この関係はこの後の論点でも出てきますので覚えておきましょう。

オリエンテーション編で学習した、「価格が上がれば企業は儲かるので生産量を増やしたい」、というロジックをここでは少し更新しました。価格が上がると限界収入が増え、利潤が最大となる生産量が上方修正されるため、企業はそのポイントまで生産を拡大するのです。

Section 3　価格の決まり方【調整過程】

こんなことを学習します

マーシャル調整
数量調整

ワルラス調整
価格調整

経済は需要量と供給量が交わるところで均衡します。ところがこの均衡状態がずっと続くとは限らず、何らかの原因で均衡が崩れることがあります。

このとき、再びこの均衡点に戻ってくることができればそこで経済は落ち着くので、安定的な経済ということができます。均衡点に戻ってくることができない場合、経済は不安定だということになります。

均衡点を離れた経済は価格や生産量の調整を通じて変化しながら、安定を取り戻したり取り戻せなかったりしますが、ここではこの市場全体の調整過程について学習します。

1　市場均衡

　これまで、Section 1 で家計の需要量（消費量）の決まり方、Section 2 で企業の供給量（生産量）の決まり方を見てきました。それぞれ、財の価格との関係で**右下がりの需要曲線、右上がりの供給曲線**という形で表されます。これらはそれぞれ、ある個別の家計が財をどれだけ需要するか、ある個別の企業が財をどれだけ供給するか、を価格との関係で示したものでした。

　ここからは、ある財の市場全体を検討しますので、需要曲線を市場全体の需要量を示したものとして、供給曲線を市場全体の供給量を示したものとして、それぞれ捉え直す必要があります。

1 市場需要曲線

Section 1 では個別の家計の需要曲線がどのような形状になるかを検討してきました。財がギッフェン財であるなどの特殊な例を除けば、通常の需要曲線は右下がりの直線となります。

パンという財の市場があるとして、パンを需要する家計は市場にたくさん存在しますから、**市場全体の需要量を考えるときは、すべての家計の需要量を合計しなくてはなりません。**このように、個別の家計の需要曲線を合計したものを**市場需要曲線**といいます。

いま、AとBという2つの家計だけが市場に存在すると考えると、板書15 に示すように、この財の市場需要曲線は、Aという家計の需要曲線とBという家計の需要曲線を、横方向に合計したものになります。

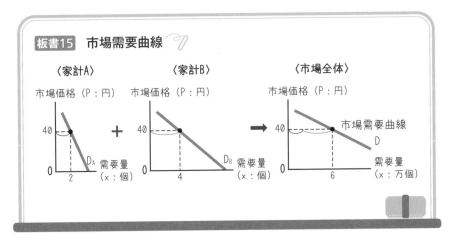

板書15 市場需要曲線

〈家計A〉 + 〈家計B〉 → 〈市場全体〉

2 市場供給曲線

同様に、Section 2 で学習した供給曲線は、個別の企業が財の供給量をどのように定めるかを示したもので、通常右上がりの直線となるものでした。

パンという財の市場があるとして、パンを生産して供給する企業は市場にたくさん存在しますから、**市場全体の供給量を考えるときは、すべての企業の供給量を合計しなくてはなりません。**このように、個別の企業の供給曲線

を合計したものを**市場供給曲線**といいます。

　いま、AとBという2つの企業だけが市場に存在すると考えると、板書16に示すように、この財の市場供給曲線は、Aという企業の供給曲線とBという企業の供給曲線を、横方向に合計したものになります。

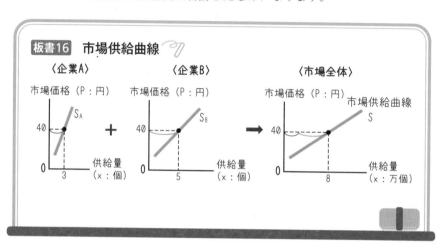

板書16　市場供給曲線

〈企業A〉　　　　〈企業B〉　　　　　　〈市場全体〉

3 市場均衡

　市場需要曲線と市場供給曲線を板書17で同時に描いて、ある財の市場全体の需要量・供給量がどのように決まるかを見てみましょう。

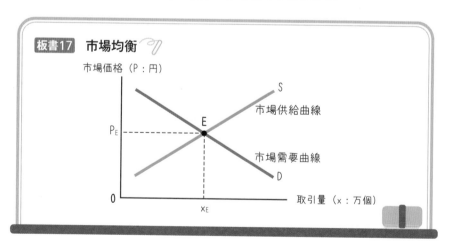

板書17　市場均衡

市場全体の家計の需要と企業の供給が一致するのは、市場需要曲線と市場供給曲線が交わる点Eです。なぜなら、点Eの価格P_Eのときには、市場需要曲線から需要量は点Eのx_E万個、市場供給曲線から供給量は点Eのx_E万個となり、需要量と供給量が一致するからです。この点を**均衡点**といい、そのときの価格（P_E）を**均衡価格**、取引量（x_E）を**均衡取引量**といいます。

> 市場均衡点では、ある財の市場全体で、家計が価格に対して買いたい量と、企業が価格に対して売りたい量のバランスがとれている状態ということになります。

2 ワルラス調整

　いま見てきたように、ある財の市場全体は、市場需要曲線と市場供給曲線との交点において、ひとまずの均衡を迎えます。ただしこの均衡は恒久的なものとは限らず、何らかの原因で価格や生産量が均衡から外れてしまうことがあります。

　このような事態に対応して経済が変化していく過程として、まず**ワルラス調整過程**があります。これは、市場において超過供給があれば価格が下がり、超過需要があれば価格が上がる、というものです。価格の変化によって経済を調整していく過程なので、**ワルラス調整は価格調整の過程**です。

L. ワルラス（1834-1910）
フランスの経済学者
著名な経済学者でしたが、大学の講義で数学を使いすぎて受講生が数名しかおらず、嘆いていたという逸話があります。

1 安定的なケース

　いま、市場需要曲線と市場供給曲線が 板書18 のように交わっている財の市場があるとします。この財の市場は交点の点Eで均衡しており、市場価格は

60円、均衡時の取引量（需要量・供給量）は40万個です。

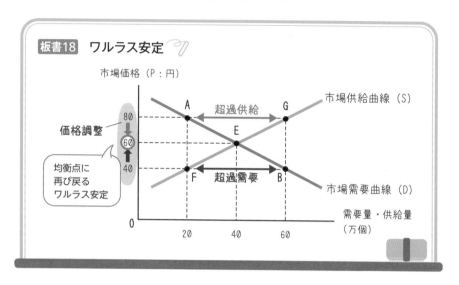

板書18　ワルラス安定

市場価格（P：円）

価格調整

均衡点に
再び戻る
ワルラス安定

80
60
40

A　　　超過供給　　　G

E

F　　　超過需要　　　B

市場供給曲線（S）

市場需要曲線（D）

0　　　20　　　40　　　60

需要量・供給量
（万個）

ところが、何かのはずみで市場価格が80円に上昇したとしましょう。市場価格が80円のときの市場の需要量は市場需要曲線より点Aの20万個、企業からの供給量は市場供給曲線より点Gの60万個とわかります。つまり、企業は60万個生産するけれど家計は20万個しかほしがらず、**AGに当たる40万個分の超過供給（売れ残り）が発生**することになります。

ワルラス調整過程では超過供給（売れ残り）があれば価格が下がりますので、超過供給がなくなる均衡点Eの60円まで価格が下がり、そこで落ち着きます。

同様に、市場価格が40円に下落したとします。市場価格が40円のときの需要量は市場需要曲線より点Bの60万個、企業からの供給量は市場供給曲線より点Fの20万個とわかります。つまり、企業は20万個しか生産しないのに家計が60万個もほしがっており、**FBに当たる40万個分の超過需要（物不足）が発生**することになります。

ワルラス調整過程では超過需要（物不足）があれば価格が上がりますので、超過需要がなくなる均衡点Eの60円まで価格が上がり、そこで落ち着きます。

このように、均衡点からいったん離れても再び均衡点に戻ってくることを

安定的といいます。板書18の場合、ワルラス調整過程で均衡に戻ってくることからワルラス安定であるといいます。

なお、ワルラス調整過程は超過供給や超過需要を価格の変動によって調整するので、価格調整と呼ばれます。

> ところで、超過供給や超過需要を受けて価格が変動していく、という説明はこれまでにも出てきましたね。オリエンテーション編で説明した内容もこれと同じようなものでした。
> 実は、経済学においては特に断りのない限りワルラス調整過程で市場の調整が行われると考えるため、これまでもこの考え方を使って説明していたのです。

2 不安定なケース

ところが、どのような場合でもいったん崩れた均衡が取り戻せるとは限りません。次に、ワルラス調整過程を使って、経済が均衡から離れたら再び均衡状態に戻ってくることができない不安定なケースを説明しましょう。通常、市場需要曲線は右下がり、市場供給曲線は右上がりの形状をしていますが、ここでは市場需要曲線が右上がり、市場供給曲線が右下がり、という特殊な状況を考えます。

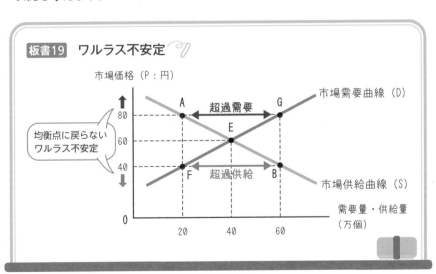

板書19 ワルラス不安定

199

いま、市場需要曲線と市場供給曲線が 板書19 のように交わっている財の市場があるとします。この財の市場は交点の点Eで均衡しており、市場価格は60円、均衡時の取引量（需要量・供給量）は40万個です。

　ここで、均衡が崩れて市場価格が80円に上昇したとします。市場価格が80円になると、市場の需要量は市場需要曲線より点Gの60万個、企業からの供給量は市場供給曲線より点Aの20万個とわかります。企業は20万個しか生産しないのに家計が60万個もほしがっており、**AGに当たる40万個分の超過需要（物不足）が発生する**ことになります。

　しかし、ワルラス調整過程では超過需要（物不足）があれば価格が上がりますので、この状況を受けて市場価格はさらに上昇してしまいます。価格が上がれば超過需要はさらに大きくなるため、**均衡点である点Eからはどんどん離れていってしまいます。**

　同様に、市場価格が40円に下落したとします。市場価格が40円になると、市場の需要量は市場需要曲線より点Fの20万個、企業からの供給量は市場供給曲線より点Bの60万個とわかります。つまり、企業は60万個生産するけれど家計は20万個しかほしがらず、**FBに当たる40万個分の超過供給（売れ残り）が発生する**ことになります。

　ワルラス調整過程では超過供給（売れ残り）があれば価格が下がりますので、この状況を受けて市場価格はさらに下落してしまいます。価格が下がれば超過供給はさらに大きくなるため、**均衡点である点Eからはどんどん離れていってしまいます。**

　このように、**均衡点からいったん離れたら再び均衡点に戻ってこないこと**を**不安定**といいます。板書19 の場合、**ワルラス調整過程で均衡に戻ってこないこと**から**ワルラス不安定**であるといいます。

> 過去問を見るとわかりますが、調整過程に関する問題では、いま挙げた例のように市場需要曲線や市場供給曲線が通常ではあり得ないような形状をしていることがよくあります。
> ここで、「そもそも供給曲線が右下がりって、どのような状況だろう…？」という疑問が生じるかもしれませんが、それはいったん脇において、このような状況の経済が安定的か不安定かというのを判断することを考えましょう。

3 ワルラス調整過程による安定性の判断

　ここまで2つの例によって、経済がワルラス調整過程により安定するかどうかを見てきました。では結局、どのような条件を満たしていれば、その市場の経済はワルラス調整過程によって安定するといえるのでしょうか？

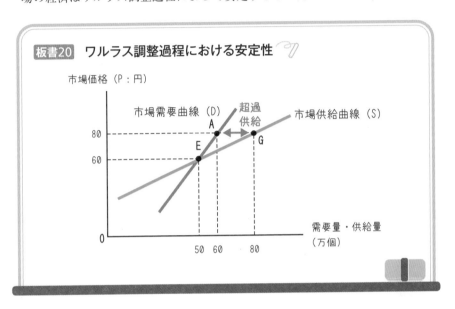

板書20　**ワルラス調整過程における安定性**

　板書20でもう1つの例を使いながら、経済が安定に向かう条件を考えてみましょう。今回は、市場需要曲線も市場供給曲線も角度が違うものの右上がりの形状になっています。

　市場均衡価格は点Eの60円ですが、これが60円から上昇してしまうとどうなるでしょうか。例えば80円になると、需要量は60万個（A点）、供給量は80万個（G点）で、AGだけ超過供給（売れ残り）が生じます。

　市場均衡価格より高い価格で超過供給が生じていれば、ワルラス調整過程によって価格が下がるので、均衡点に戻ってくることができます。よってこの経済は安定的です。

　つまり、交点より高い価格でグラフを横に見たとき、供給量＞需要量になっていれば超過供給なので、その経済はワルラス安定です。同様に、交点よ

り低い価格でグラフを横に見たとき、需要量＞供給量になっていれば超過需要なので、その経済はワルラス安定です。

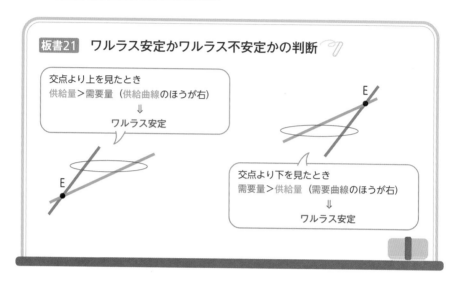

板書21　ワルラス安定かワルラス不安定かの判断

交点より上を見たとき
供給量＞需要量（供給曲線のほうが右）
⇓
ワルラス安定

交点より下を見たとき
需要量＞供給量（需要曲線のほうが右）
⇓
ワルラス安定

3　マーシャル調整

　ワルラス調整は供給量と需要量が速やかに調整されるということが暗黙の前提になっています。しかし例えば農作物の生産を行っている農家であれば、その年の供給量は畑に種をまいた時点である程度決まってしまい、市場価格が変動してもそれに合わせてその年の供給量を増減させることができません。その年にできることは、来年の供給量を決めて今年のうちに種を植えることです。

　このように、当年の供給量を変えることができないという前提で考えるのがマーシャル調整過程です。これは、需要価格が供給価格より大きければ来年の供給量は増加し、需要価格が供給価格より小さければ来年の供給量は減少する、というものです。供給量の変化によって経済を調整していく過程なので、マーシャル調整は数量調整の過程です。

A. マーシャル (1842-1924)
イギリスの経済学者
"Cool heads but warm hearts"（経済学者には冷静な頭脳と温かい心が必
要だ）という名言を残した古典派経済学の大御所で、ケインズの師匠です。

1 安定的なケース

　いま、市場需要曲線と市場供給曲線が 板書22 のように交わっている財の市
場があるとします。この財の市場は交点の点Eで均衡しており、市場価格は
60円、均衡時の取引量（需要量・供給量）は40万個です。

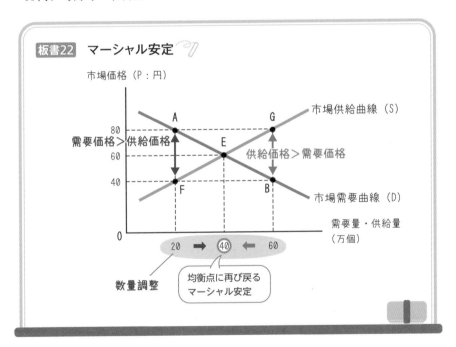

板書22 **マーシャル安定**

市場価格（P：円）

市場供給曲線（S）

需要価格＞供給価格

供給価格＞需要価格

市場需要曲線（D）

需要量・供給量
（万個）

20 ➡ ㊵ ⬅ 60

数量調整

均衡点に再び戻る
マーシャル安定

　ここで、何らかの理由で今年の供給量が20万個になってしまったとします。
横軸で供給量が20万個のところからグラフを上に見ていくと、点Fの40円
のところで市場供給曲線とぶつかり、点Aの80円のところで市場需要曲線

とぶつかります。これは、供給量が20万個と比較的少ない状況では、企業は40円で売れればいいと思っていますが、家計は80円まで払ってもいいと思っていることを示しています。

このときの40円、つまり供給者が売りたいと考えている価格のことを供給価格といいます。また、80円、つまり需要者が買ってくれる価格のことを需要価格といいます。

いま、需要価格が80円で供給価格が40円ですので、AFに当たる分だけ需要価格のほうが大きくなっています（需要価格＞供給価格）。この状況は、企業が希望するより高い価格で家計が財を買いたがっていることになりますから、その高い支払いを目当てに企業は供給量を増やしていきます。供給量が増えていけば家計が支出できる価格も下がっていき、均衡点Eで落ち着くことになります。このように、マーシャル調整過程では、需要価格が供給価格より大きい状況では供給量が増加していきます。

同様に、供給量が60万個に増えた場合はどうでしょうか。60万個の供給量に対する供給価格は点Gの80円、需要価格は点Bの40円です。これは、供給量が60万個と比較的多い状況では、企業は80円で売りたいと思っていますが、家計は40円までしか払いたくないと思っていることを示しています。

すると、GBに当たる分だけ供給価格のほうが大きくなっています（供給価格＞需要価格）。この状況は、企業が希望するより低い価格でしか家計が財を買ってくれないことになりますから、企業は利潤を確保しづらいと考えて供給量を減らしていきます。供給量が減っていけば家計が支出できる価格も上がっていき、均衡点Eで落ち着くことになります。このように、マーシャル調整過程では、供給価格が需要価格より大きい状況では供給量が減少していきます。

このように、均衡点からいったん離れても再び均衡点に戻ってくることを安定的といいましたが、板書22の場合、マーシャル調整過程で均衡に戻ってくることからマーシャル安定であるといいます。

なお、マーシャル調整過程は供給価格と需要価格の差を生産量の変動によって調整するので、数量調整と呼ばれます。

2 不安定なケース

マーシャル調整過程においても、経済が一度均衡を崩すと、もとに戻れないケースも存在します。

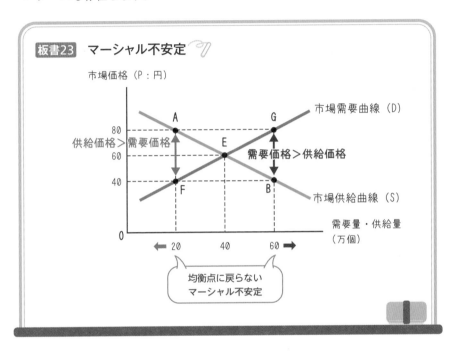

板書23 マーシャル不安定

市場価格（P：円）

80 A ────────── G 市場需要曲線（D）

供給価格＞需要価格 E

60   需要価格＞供給価格

40 F   B 市場供給曲線（S）

0   20   40   60 → 需要量・供給量（万個）

均衡点に戻らない
マーシャル不安定

市場需要曲線と市場供給曲線がこのような交わり方をしている 板書23 のような市場ではどうでしょうか。いま、点Eで市場は均衡しており、市場価格は60円、均衡時の取引量（需要量・供給量）は40万個です。

ここで、今年の供給量が20万個に減少したとします。20万個の供給量に対する需要価格は点Fの40円、供給価格は点Aの80円であり、**AFに当たる分だけ供給価格のほうが大きくなっています**（供給価格＞需要価格）。

しかしマーシャル調整過程では、供給価格が需要価格より大きいと供給者が売りたい価格よりも低い価格でしか需要者は買ってくれず、供給量は減少しますので、この状況を受けて供給量はさらに減少し、**均衡点である点Eからはどんどん離れていってしまいます。**

205

同様に、供給量が60万個に増加したとします。60万個の供給量に対する需要価格は点Gの80円、供給価格は点Bの40円であり、**GBに当たる分だけ需要価格のほうが大きくなっています**（需要価格＞供給価格）。

マーシャル調整過程では、需要価格が供給価格より大きいと供給者が売りたい価格よりも高い価格で需要者が買ってくれて、供給量は増加しますので、この状況を受けて供給量はさらに増加し、**均衡点である点Eからはどんどん離れていってしまいます。**

このように、均衡点からいったん離れたら再び均衡点に戻ってこないことを不安定といいましたが、 板書23 の場合、**マーシャル調整過程で均衡に戻ってこない**ことから**マーシャル不安定**であるといいます。

3 マーシャル調整過程における安定性の判断

ワルラス調整過程と同様に、マーシャル調整過程についても経済が安定的か不安定的かを見分ける方法を見ていきましょう。

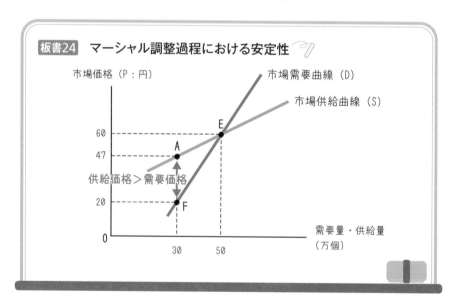

板書24 **マーシャル調整過程における安定性**

いま、板書24のように均衡している市場があります。均衡時の取引量（需要量・供給量）は点Eの50万個です。ここで供給量が減少してしまうとどうなるでしょうか。例えば30万個になると、供給価格は47円（A点）、需要価格は20円（F点）で、AFだけ供給価格のほうが大きくなっています（供給価格＞需要価格）。

均衡時の取引量より少ない供給量で供給価格のほうが大きければ、マーシャル調整過程によって供給量が減少するので、均衡点から離れていってしまいます。よってこの経済は不安定です。

逆にいえば、交点より左の領域でグラフを縦に見たとき、需要価格＞供給価格になっていればその経済はマーシャル安定です。同様に、交点より右の領域でグラフを縦に見たとき、供給価格＞需要価格になっていればその経済はマーシャル安定です。

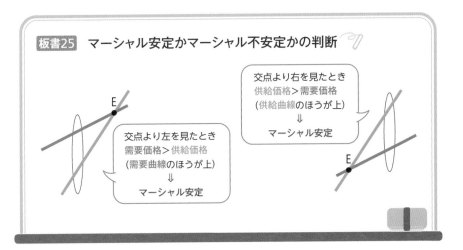

板書25　マーシャル安定かマーシャル不安定かの判断

交点より右を見たとき
供給価格＞需要価格
（供給曲線のほうが上）
⇩
マーシャル安定

E

交点より左を見たとき
需要価格＞供給価格
（需要曲線のほうが上）
⇩
マーシャル安定

E

CHAPTER 1　過去問チェック！

●次の各記述が妥当かどうか（○か×か）を判断しなさい。

問1　Section 1 **2**

　上級財は、消費者の所得が増えるにつれ消費量が減少し、所得が減るにつれ消費量が増加する財である。

裁判所2016

問2　Section 1 **4**

　A財がギッフェン財の場合、その財の価格が下落すると、代替効果による需要量の減少が所得効果による需要量の増加を上回るために、全部効果は需要量を減少させる。

国家一般職2001

問3　Section 2 **2**

　限界費用は生産量が増加するにつれて、はじめは減少するが、ある点を境界にして増加する。

国家専門職1998

●次の問題の正解を❶〜❺から選びなさい。

問4 Section 3 ❷ ❸

　次の図について説明した文章の空欄A〜Dに当てはまる語句の組合せとして、妥当なものはどれか。

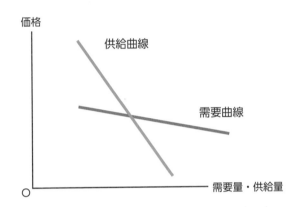

　需給が均衡するように調整される過程の１つとして数量調整である　A　的調整過程があり、この調整過程に基づいて考えた場合、図の経済は　B　的である。また、別の調整過程として価格調整である　C　的調整過程があり、この調整過程に基づいて考えた場合、図の経済は　D　である。

	A	B	C	D
❶	ワルラス	安定	マーシャル	安定
❷	ワルラス	不安定	マーシャル	安定
❸	マーシャル	不安定	ワルラス	不安定
❹	マーシャル	安定	ワルラス	安定
❺	マーシャル	不安定	ワルラス	安定

市役所2010

解答

問1 ✕ 消費者の所得が増えると上級財の消費が増えます。また、所得が減ると上級財の消費が減ります。所得が増えると消費量が増える財が「上級財」です。

問2 ✕ 本編ではギッフェン財の価格が上昇した場合に即した説明をしていましたが、価格が下落したケースでは逆に考えていけばよいことになります。

ギッフェン財であるA財の価格が下落すると、代替効果でA財の消費量（需要量）が増加します。これは、価格が下がってお得だから買いたい、という作用です。一方、所得効果でA財の消費量（需要量）が減少します。財の価格が下落すると実質所得が上昇しますが、ギッフェン財は下級財であり、家計の所得が上昇して余裕のあるときには家計は高価な財を消費して効用を高めようとするためです。

このように、代替効果は消費量を増加する方向に働き、所得効果は消費量を減少する方向に働きますが、ギッフェン財においては所得効果のほうが大きいため、全部効果としては消費量が減少する結果となります。したがって、結論の「需要量を減少させる」というところは正しいですが、「代替効果による需要量の減少が所得効果による需要量の増加を上回る」という記述が誤っています。

問3 ○ 横軸に生産量、縦軸に限界費用を取ると、通常の限界費用曲線はU字型を描きます。つまり、ある点までは徐々に減少し、ある点を境に増加に転じます。

これは、財1個の生産にかかる費用が、ある生産量までは徐々に減少していく（生産効率が徐々に高まっていく）ものの、ある生産量を超えると今度は徐々に増加していく（生産効率が徐々に低くなっていく）ことを表しています。

問4 **正解5**

　　　A　　　の直前には「数量調整である」とあるので、供給量が変動することによる調整であるマーシャル調整が入るとわかります。同様に、　　　C　　　の直前には「価格調整である」とあるので、価格が変動することによる調整であるワルラス調整が入るとわかります。

あとは、問題のグラフが示している市場の状況が、それぞれワルラス安定か不安定か、マーシャル安定か不安定かを検討することで、 B と D に入る語句を判断していきましょう。

> 供給価格 ＞ 需要価格
> ⇩
> **マーシャル不安定**

均衡点より左の領域でグラフを縦に見ると、供給曲線が需要曲線より上にあることがわかります。この状況は供給価格＞需要価格となりますから、供給量はさらに減少に向かい、均衡点からは離れていってしまいます。マーシャル調整過程では不安定な経済ということになるので、 B には「不安定」が入ります。

> 超過供給（供給量 ＞ 需要量）
> ⇩
> **ワルラス安定**

均衡点より上の領域でグラフを横に見ると、供給曲線が需要曲線より右にあることがわかります。この状況は超過供給ですから、市場価格は下落し、均衡に向かうことができます。ワルラス調整過程では安定した経済ということになるので、 D には「安定」が入ります。

以上より、A：マーシャル、B：不安定、C：ワルラス、D：安定、となるので、正解は❺となります。

CHAPTER 2

望ましい経済とは
― 余剰分析 ―

ここでは、望ましい経済とは何かを学び
ます。ある企業にとって望ましいこと、
ある家計にとって望ましいことは、簡単
に考えられる気がしますが、経済全体に
とって「望ましい」とはどのようなこと
をいうのでしょうか？

Section

1

CHAPTER 2　望ましい経済とは　―余剰分析―

望ましさとは？
【効率性と公平性】

こんなことを学習します

いやいや
公平性は
関係ないのだ！

私の分小さい…

パレート最適

ここでは、経済学で望ましさの基準として用いられる「効率性」と「公平性」について学びます。経済学では、このうち公平性についてはあまり扱わず、効率性について余剰分析という方法を用いて測ります。なぜ経済学では公平性についてはあまり扱わないのか、効率性を図る方法である余剰分析とはどのようなものか、について見ていきましょう。

1 効率性と公平性

1 効率性・公平性とは

　最初に結論を示してしまうと、効率性とは、「限られた資源を無駄なく利用することにより社会全体の効用（満足度）を大きくすること」です。これは、限られた資源をどのような用途に配分するのかという問題なので、資源配分の問題とも呼ばれます。

　これに対して、公平性とは、「できあがった価値（所得）をいかに公平（公正）に分けるか」ということですから所得分配の問題といわれます。

　経済学における効率性と公平性をわかりやすくするために、たとえ話を使って説明しましょう。 板書1 を見てみましょう。

　いま、卵と小麦粉という2つの材料を使ってパンケーキを作ることを考えます。お腹を空かせている3人が協力して、できるだけ大きなパンケーキを

214

作りたいと思っています。なお、パンケーキは卵と小麦粉の2つの材料だけ
で作れると仮定し、いま、3人は一定量の卵と小麦粉を持っているとします。

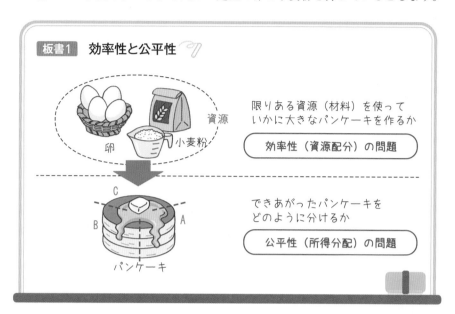

パンケーキというのが、社会全体の利益（効用）のたとえだと思ってくだ
さい。このとき、「一定量の卵と小麦粉」という限られた材料を使って、い
かに大きなパンケーキを作るか、というのが効率性に関わる問題です。限り
ある資源を、なるべく無駄のないように利用してなるべく多くの人を満足さ
せることを考える試みだからです。

　一方、できあがったパンケーキを、どのように3人で分けるか、というの
が公平性に関わる問題です。

2 なぜ「効率性」にフォーカスするのか?

　経済の望ましさを測る、効率性と公平性という2つの基準のうち、**経済学では主に効率性について議論します**。なぜなら、**効率性は限られた資源を使ってパンケーキがいかに大きくなるかということであり、客観的に判断することができるからです**。

　これに対して公平性について考えてみると、どのような分け方が公平かというのは人によって違います。3人いるのだから3人で同じ量だけ分けるのが公平だと考える人もいるでしょうし、そうではなく、働いた時間に応じて分けるべきだと考える人もいるでしょう。他にも、働いた時間ではなく貢献度に応じて分けるべきだと考える人や、貢献度ではなく家族の人数が多い人にたくさんあげるべきだと考える人もいるかもしれません。つまり、公平性は主観的ですので、学問的に「これが正しい!」と判断することが難しく、あまり経済学では扱わないわけです。

> 誤解してはいけないことは、経済学者は公平性が重要でないと考えているわけではありません。公平性も重要なのですが、客観的にわかりづらいので経済学で扱うことが少ないというだけです。

2 パレート最適

　効率がよいということを示す概念として頻繁に用いられるのが「パレート最適」です。V. パレートというイタリアの経済学者が提唱した概念なので、その名を冠してそう呼ばれています。

V. パレート (1848-1923)
イタリアの経済学者
「2割の人々が全体の8割の所得を得る」というパレートの法則が有名です。

1 パレート最適とは

パレート最適とは「他の経済主体の効用を低下させることなしには自己の効用を増加させることができない状態」というものです。少し噛み砕くと、「誰かを犠牲にしないとそれ以上自分の満足度を高められない状態」です。これは「効率がよい」ということを意味しているのですが、どうして上のような状態が「効率がよい」といえるのかを 板書2 で説明しましょう。

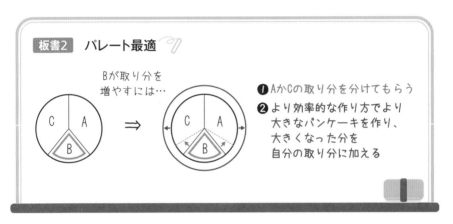

板書2 パレート最適

Bが取り分を
増やすには…

❶ AかCの取り分を分けてもらう
❷ より効率的な作り方でより
大きなパンケーキを作り、
大きくなった分を
自分の取り分に加える

（右側縦書き）ミクロ経済学　CH2　望ましい経済とは　——余剰分析——

引き続き、先ほどのパンケーキの例で考えてみましょう。いま、できあがったパンケーキをA、B、Cの3人で分けました。ところが、Bの分け前が小さいので、Bは自分の取り分を増やしたいと考えました。

このとき、Bが自分の分を増やす手段は次の2通り考えられます。

❶　AかCの取り分を分けてもらう
❷　より効率的な作り方でより大きなパンケーキを作り、大きくなった分を
　　自分の取り分に加える

❶の方法を採ると、Bは自分の効用を高めることができますが、AかCは自分の分をBに分けるので、効用を減らしてしまうことになります。つまり、❶の方法は、「他の経済主体の効用を低下させて自己の効用を増加させる方法」（AかCを犠牲にしてBが効用を高める方法）ということになります。

一方、❷の方法を採ると、より大きなパンケーキができあがります。その大きさの差を自分の取り分にすれば、BはAやCの分を減らすことなく自分の取り分を増やすことができ、効用を高められます。

　ただ、もしすでに「最も効率よくパンケーキが作られている」、つまり限られた卵と小麦粉ではこれ以上大きなパンケーキが作れない状況だったらどうでしょうか？　この場合、Bは❷の方法で自分の取り分を増やすことができません。最も効率よく資源配分されている状態では、❶のAかCから分けてもらう方法でしかBは自分の効用を高めることができないのです。

　この状態が、パレート最適な状態です。つまり、AやCから取り分を奪わない限りBの取り分が増やせない状態とは、そもそもパンケーキが**最も効率よく作られている状態**なのです。パレート最適が「経済の効率がよい」ことを意味するのはそのためです。

2 公平性との違い

　板書2 で挙げた例ではパレート最適が実現されていますが、その状態をBは不満に感じて、自分の取り分を増やしたいと考えていました。確かに、「3人で分けるのだから三等分すべきだ」と考えると、Bの取り分が小さくなっていた分配の仕方は公平ではありません。

　また、公平性は主観的に測られるので三等分する方法のほかに、例えば「生産への貢献度に応じて分ける」、「必要に応じて分ける」などの基準も考えられます。ただいずれにしても、**パレート最適が成立するかどうかは公平性とは全く関係ない**ことがわかります。

　このように、「パレート最適」は限られた資源を使って社会全体の所得（効用）が最も大きい、という効率性について説明しているだけで、その所得（効用）がどう分けられるのかという所得分配については関知していません。

　したがって、試験問題で「パレート最適であれば所得の分配は公平である」といった記述があれば、それは誤りですので気をつけましょう。

余剰分析

こんなことを学習します

CHAPTER 2では「望ましい経済」とはどのような状態か？　ということを考えています。Section 1では、経済の望ましさを測る基準の1つとして効率性について学び、パレート最適な状態が効率的であることを見てきました。

引き続き望ましい経済を考えるため、Section 2では望ましさを測る余剰分析について学習します。

1　余剰分析とは？

　一般的な日本語で「余剰」というと「あまり」を意味しますね。経済学でいう余剰とは、市場における取引によって得る利益のことをいいます。

　財の取引が行われる市場に関わる主体としては、需要者（家計など）、供給者（企業など）、政府がありますが、これらの主体それぞれに対応する余剰があります。すなわち、需要者が得る取引による利益を消費者余剰、供給者が得る取引による利益を生産者余剰、政府が得る利益を政府余剰といいます。

　そして、余剰分析ではそれらすべての余剰を合計した「社会全体が取引によって得る利益」を総余剰あるいは社会的総余剰といい、この総余剰が最大になれば社会全体の利益が最大になるので効率的である、つまり、最適資源配分が実現すると考えます。社会全体の利益である総余剰の大きさが 板書1 でのパンケーキ全体の大きさということになります。

板書3	余 剰	
❶ 消費者余剰	需要者（家計など）が取引によって得る利益	
❷ 生産者余剰	供給者（企業など）が取引によって得る利益	
❸ 政府余剰	政府が市場から得る利益	
❹ 総余剰	社会全体が取引によって得る利益 ❹総余剰＝❶消費者余剰＋❷生産者余剰＋❸政府余剰	

2　完全競争市場の余剰分析

　CHAPTER 1で見てきた完全競争市場を前提に、余剰分析を行ってみましょう。ある財の市場が完全競争市場であるとき、市場需要曲線と市場供給曲線が 板書4 のように交わります。ここでは、均衡点E点において、市場価格が50円、取引量が5万個であるとしましょう。

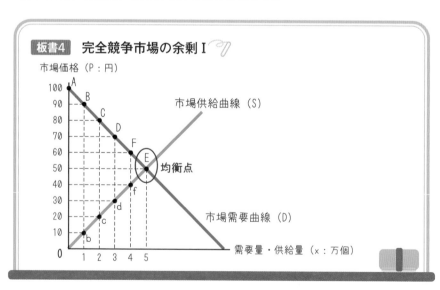

板書4　完全競争市場の余剰Ⅰ

1 消費者余剰

CHAPTER 1で学習したとおり、市場需要曲線とは、ある財を需要する家計の個別の需要曲線を、すべて横方向に合計したものでした。需要者（家計）は、この市場需要曲線上にある市場価格と需要量の組合せで財を需要して（ほしいと思って）います。

例えば 板書5 において1万個目を需要する（買う）人は市場需要曲線の点Bの高さの90円まで支払ってもいいと思っており、4万個目を需要する人は点Fの高さの60円まで支払ってもいいと思っています。

ところが、市場需要曲線と市場供給曲線は点Eで交わり、ここを市場均衡点として市場価格は50円に定まっています。すると、90円まで支払ってもいいと思っていた需要者は50円で財を買えるので、40円得したことになります。同様に60円まで支払ってもいいと思っていた需要者も50円で財を買えるので、10円得したことになります。このように、財を需要する側にとっての「得した部分」が消費者余剰に当たります。

グラフに即してより正確に表現すると、**市場需要曲線と市場価格との差が消費者余剰に当たり**、 板書5 の△AGEの面積で表されます。

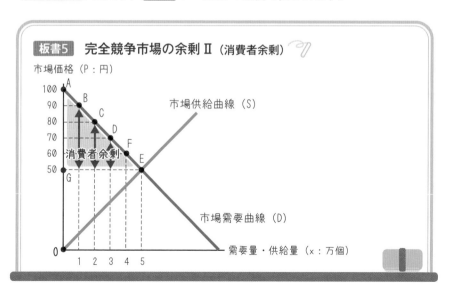

板書5　完全競争市場の余剰Ⅱ（消費者余剰）

市場価格（P：円）

市場供給曲線（S）

消費者余剰

市場需要曲線（D）

需要量・供給量（x：万個）

2 生産者余剰

　今度は市場供給曲線に注目して、供給者側の余剰を見てみましょう。市場供給曲線とは、ある財を供給する企業の個別の供給曲線を、すべて横方向に合計したものでした。供給者（企業）は、この市場供給曲線上にある市場価格と供給量の組合せで財を供給して（売りたいと思って）います。

　例えば 板書6 において市場に1万個目を供給する企業は市場供給曲線の点bの高さの10円で売れればじゅうぶんだと思っており、4万個目を供給する企業は点fの高さの40円で売れればいいと思っています。

　ところが、市場需要曲線と市場供給曲線は点Eで交わり、ここを市場均衡点として市場価格は50円に定まっています。すると、10円で売れればいいと思っていた供給者は50円で財を売れるので、40円得したことになります。同様に40円で売れればいいと思っていた供給者も50円で財を売れるので、10円得したことになります。このように、財を供給する側にとっての「得した部分」が生産者余剰に当たります。

　グラフに即してより正確に表現すると、**市場価格と市場供給曲線との差が生産者余剰に当たり**、板書6 の△OEGの面積で表されます。

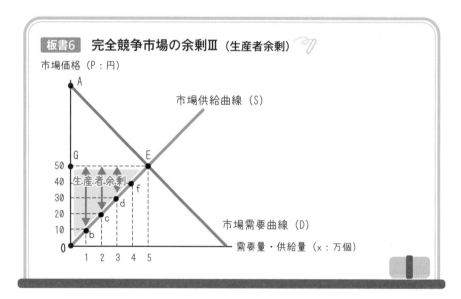

板書6　**完全競争市場の余剰Ⅲ**（生産者余剰）

3 総余剰

　先ほど、余剰には❶消費者余剰、❷生産者余剰、❸政府余剰があると説明しましたが、ここでは政府が関係しませんので、❶消費者余剰と❷生産者余剰を合計したものが総余剰になります。

　❶と❷の合計なので、グラフ上では△OEAの面積で表される部分に当たります。

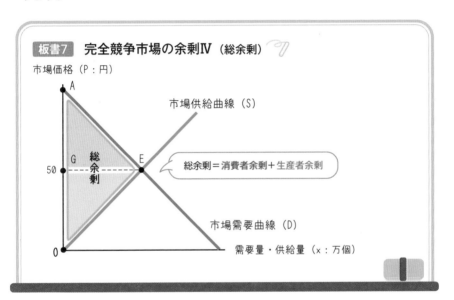

板書7　**完全競争市場の余剰Ⅳ**（総余剰）

3 厚生経済学の基本定理

　余剰分析においては、総余剰が最大化されている状況が最も望ましいと考えます。なぜなら、限られた資源を用いて社会全体の利益を最大化させているので無駄がなく、資源配分が最適になされていると考えられるからです。

　実は、いま見てきた完全競争市場が均衡している状態では、総余剰が最大化されることがわかっています。これを厚生経済学の基本定理といいます。

> 「厚生」とは幸せの度合いという意味です。ですから、厚生経済学とは幸せの度合いを考える経済学の分野で、「厚生経済学の基本定理」とは、その分野において最も基本的な定理だという意味です。なお、ときどき公務員試験に出てくる「経済厚生」とは「経済的な幸せの度合い」という意味です。

　完全競争市場における均衡状態で総余剰が最大となっていることを確かめるために、そうでない場合の総余剰と比べてみましょう。

1 完全競争市場均衡よりも価格が低い場合

　先ほどと同じ市場の状態をベースにすると、市場需要曲線と市場供給曲線がE点で交わり、市場価格50円、取引量5万個で均衡します。これより取引価格が下落した場合を考えましょう。

　例えば政府がその財の業界に対する規制を行い、市場での価格の上限を 板書8 のように30円と定めたとします。このとき、企業の供給量は市場供給曲線よりF点で3万個となりますが、家計の需要量は市場需要曲線よりC点の7万個となります。家計は7万個買いたがっているのに、企業は3万個しか生産していないので、FCに当たる4万個分の超過需要が生じています。

　完全競争市場で超過需要が生じると、本来はワルラス調整過程によって財の価格が上昇するはずですが、ここでは政府が最高価格を30円に規制しているため価格の上昇が起こりません。このため、家計が7万個買いたいと思っても3万個しか供給してもらえないので取引量は3万個に定まってしまいます。市場には3万個までしか財が供給されないため、それより右側の領域

の取引は行われないのです。

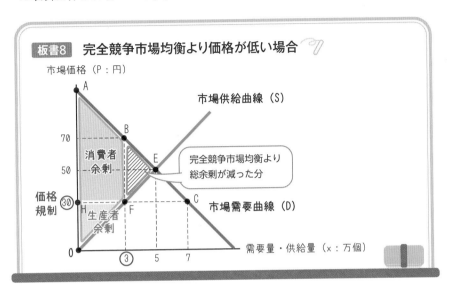

板書8 完全競争市場均衡より価格が低い場合

市場価格（P：円）

A

市場供給曲線（S）

70 B

消費者
余剰 E 完全競争市場均衡より
総余剰が減った分

50

価格
規制 ③ 市場需要曲線（D）

H F C
生産者
余剰

0 ③ 5 7 需要量・供給量（x：万個）

このケースでの余剰を考えてみましょう。

まず、消費者余剰は市場需要曲線と市場価格との差ですから、□ABFH
に当たります。また、生産者余剰は市場価格と市場供給曲線との差ですから、
△HFOに当たります。

すると総余剰はこの2つを合計して、□ABFOになることがわかります。

この総余剰の大きさは、 板書7 で見た完全競争市場均衡のときの総余剰と
比べてどうでしょうか？　グラフ上で見ると明らかですが、△BEFの面積
だけ総余剰が小さくなっていることがわかりますね。このことは、完全競争
市場均衡のケースより、社会全体の経済厚生が小さいことを意味します。

2 完全競争市場均衡より価格が高い場合

同様に、政府が財の市場価格の下限を 板書9 のように70円に定めたとしましょう。このとき、企業の供給量は市場供給曲線よりG点で7万個となりますが、家計の需要量は市場需要曲線よりB点の3万個となります。企業は7万個売りたがっているのに、家計は3万個しか欲しがっていないので、**BGに当たる4万個分の超過供給が生じています。**

完全競争市場で超過供給が生じると、本来はワルラス調整過程によって財の価格が下落するはずですが、ここでは**政府が最低価格を70円に規制しているため価格の下落が起こりません。**このため、企業が7万個売りたいと思っても3万個しか需要してもらえないので取引量は3万個に定まってしまいます。市場には3万個までしか財が供給されないため、それより右側の領域の取引は行われないのです。

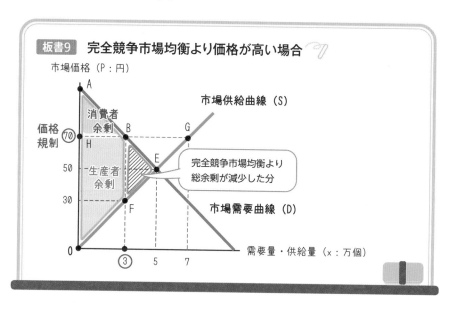

板書9　**完全競争市場均衡より価格が高い場合**

市場価格（P：円）

市場供給曲線（S）

価格規制　⑦0

消費者余剰

生産者余剰

完全競争市場均衡より総余剰が減少した分

市場需要曲線（D）

需要量・供給量（x：万個）

このケースでの余剰を考えてみましょう。

まず、消費者余剰は市場需要曲線と市場価格との差ですから、△ABH に当たります。また、生産者余剰は市場価格と市場供給曲線との差ですから、

□HBFOに当たります。

　すると総余剰はこの2つを合計して、□ABFOになることがわかります。

　この総余剰の大きさは、 板書7 で見た完全競争市場均衡のときの総余剰と比べてどうでしょうか？　グラフ上で見ると明らかですが、やはり△BEFの面積だけ総余剰が小さくなっていることがわかりますね。このことは、完全競争市場均衡のケースより、社会全体の経済厚生が小さいことを意味します。

3 余剰の損失

　このように、完全競争市場均衡よりも価格が低くても高くても、その結果取引量が多くても少なくても、総余剰は少なくなってしまうことが確かめられました。つまり、完全競争市場均衡において総余剰が最大であることがわかります。

　ところで、総余剰が最大時より少なくなっている部分、 板書8 や 板書9 の△BEFに当たる部分を、余剰の損失と呼びます。

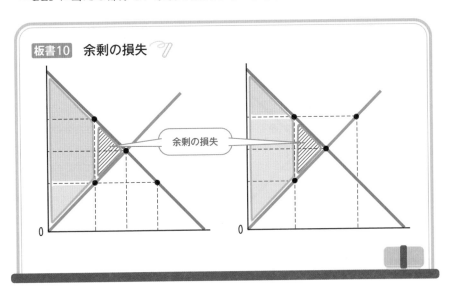

板書10　余剰の損失

余剰の損失

余剰の損失は他にも、経済厚生損失、死荷重損失、死重的損失、デッド・ウェイト・ロスなどさまざまな呼び方があります。デッド・ウェイト・ロス (dead weight loss) とはもともと、船が自重で沈んでいる部分です。その部分について船会社は船賃を得ることができませんし、荷主は荷物を運んでもらうことができません。つまり、誰も得をしない損失を意味します。総余剰が減ることは、社会全体の利益が減ってしまうので誰も得をしない損失ですから、同じ意味なのです。死荷重損失や死重的損失はデッド・ウェイト・ロスの日本語訳です。

4 総余剰を直接求める方法

　余剰分析を行う際、通常は 板書5 ～ 板書7 のように、消費者余剰と生産者余剰を合計して総余剰を求めます。しかし、総余剰だけを求めるのであればもっと簡単な方法もあります。これについて 板書11 で説明しましょう。

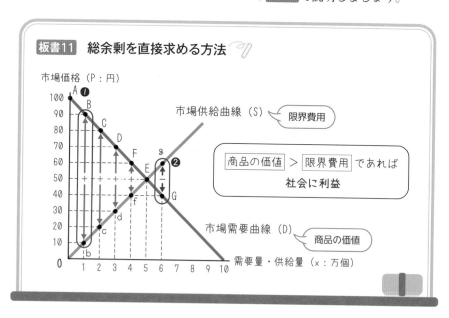

板書11　総余剰を直接求める方法

　まず、赤い線で囲った ❶ の部分を見てください。供給者が 1 万個目を生産すると、市場需要曲線から需要者は 90 円で買ってくれます（点 B）。需要者

がどうして90円で買うかというと、その商品に90円の価値があると考えているからです。つまり**市場需要曲線の高さとは需要者が買ってくれる価格を表していますが、それは商品の価値にほかなりません。**

　一方、同じ1万個目を生産するときの費用の増加（限界費用）について考えてみると、限界費用曲線と供給曲線は一致する関係にありましたから、市場供給曲線より10円だとわかります（点b）。

　商品の価値が90円であるところ（点B）、供給者は10円の限界費用で生産している（点b）ので、この差に当たる90 − 10 = 80円が社会の利益（総余剰）となります。

　このように、市場需要曲線（D）が市場供給曲線（S）より高い位置にある限り、その縦の差が総余剰に当たることがわかります。したがって、**総余剰が最大となるのは、市場需要曲線と市場供給曲線が交差した点Eの生産量5万個**です。

　次に、同じく赤い線で囲った❷の部分を見てください。供給者が5万個よりも多く生産し、例えば6万個目の生産をしてしまうと、今度は商品の価値である市場需要曲線よりも市場供給曲線のほうが上に位置しています。市場供給曲線は限界費用曲線と一致する関係にありましたから、商品の価値は40円しかないのに（点G）、60円費用を増加させて生産していることになり（点g）、その差は40 − 60 = − 20円とマイナスになりますから、この分だけ総余剰を失っていることになるのです。

CHAPTER 2　過去問チェック！

●次の問題の正解を❶〜❺から選びなさい。

問1 Section 2 **3**

　ある財の市場において、需要曲線と供給曲線が下図のように与えられ市場が均衡している場合、政策的にこの財の価格がOSに設定されたときの、消費者余剰を表す部分と生産者余剰を表す部分との組み合わせとして、妥当なのはどれか。

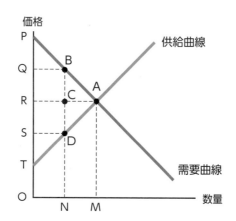

	消費者余剰	生産者余剰
❶	PBQ	TQBA
❷	PADS	TSD
❸	PBQ	TQBD
❹	PBCR	TRCD
❺	PBDS	TSD

東京都Ⅰ類2006

解答

問1 正解5

完全競争市場均衡における価格より低い水準に価格が設定された場合の総余剰を求める問題です。グラフ上で考えてみましょう。

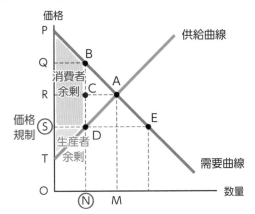

まず、「政策的にこの財の価格がOSに設定された」というのは、財の価格がOからSの高さに当たる価格に固定された、つまり価格がSになったということです。価格Sのとき、企業からの供給量は供給曲線上のD点となります。一方、家計からの需要量は、問題のグラフに補助線を引き、需要曲線上のE点となります。家計はE点まで買いたがっているけれど、企業はD点までしか供給していないため、このDEの分だけ超過需要が生じています。

超過需要が生じている状況では、ワルラス調整過程によって財の価格が上がっていくはずですが、政府が規制をしているため価格が動きません。その結果、この市場での財の取引量はNとなってしまいます（Nより右側の領域では取引が行われません）。

これを踏まえてそれぞれの余剰を見ていきましょう。まず、消費者余剰は需要曲線と市場価格との差ですから、PBDSに当たります。次に、生産者余剰は市場価格と供給曲線との差ですから、TSDに当たります。

以上より、消費者余剰：PBDS、生産者余剰：TSD、となるので、正解は⑤となります。

CHAPTER 3

不完全競争市場
― 独占・寡占・独占的競争 ―

完全競争市場を前提にしてきたこれまで
とは違い、ここでは不完全競争市場を考
えていきます。余剰分析によって独占が
経済にとって望ましくないことを、経済
学的に確かめていきましょう。

市場の種類

こんなことを学習します

CHAPTER 2までは完全競争市場について学びましたが、CHAPTER 3では、完全競争市場の条件を満たさない市場である「不完全競争市場」について学びます。

Section 1では、不完全競争市場をさらに「独占」、「寡占」、「独占的競争」に分類して説明します。特に公務員試験では「独占的競争市場」の定義が出題されますので重要です。

1　不完全競争市場とは

CHAPTER 1で、完全競争市場について4つの条件を挙げて説明しました。

また、CHAPTER 2では、価格規制などで政府が介入することなく市場の作用に任せておけば総余剰が最大化され、望ましい経済が実現できることを学習しましたが、それは完全競争市場であることを前提としたものでした。

では、完全競争市場でない場合はどうなのでしょうか？

完全競争市場の4つの条件を復習しておきましょう。

- ❶ 需要者も供給者も多数存在する
- ❷ どの企業（供給者）の商品も同品質（商品の質に違いがない）
- ❸ 需要者も供給者も商品の取引に必要な情報は十分持っている
- ❹ 長期的には市場への参入・退出を自由に行える

完全競争市場とは、この条件を4つすべて満たす市場をいいますが、**不完全競争市場**とは、この条件を満たせない市場ということになります。

不完全競争市場には、独占市場、寡占市場、独占的競争市場の３つがありますので、以下順番に解説していきましょう。

2　独占市場

　独占市場とは、財の需要者または供給者が１社（１者）しか存在しない市場をいいます。独占市場の形としては供給者が１社（１者）である場合の**供給独占**、需要者が１社（１者）である場合の**需要独占**、供給者も需要者も１社（１者）である場合の**双方独占**があります。

　このうち、**公務員試験でよく出題されるのは供給独占**ですので、ここからは**独占といったら供給独占であるという前提で説明**しましょう。

供給独占
財の供給が１社のみによって
なされている

市場

供給者が１社しかいないということは、同じ財を売っている企業が存在しない、競争相手の企業がいないような状況を指しています。

　不完全競争市場を考える場合には、完全競争市場の条件のうちどの条件が欠けているのかを明らかにすることが重要です。そこで、供給独占市場がどの条件を欠いているかを 板書1 で説明しましょう。

板書1　独占市場（供給独占市場）の特徴

	完全競争市場	独占市場
❶ 需要者も供給者も多数存在する	○	× 1社しかいない
❷ どの企業（供給者）の商品も同品質（商品の質に違いがない）	○	― 1社しかいない
❸ 需要者も供給者も商品の取引に必要な情報は十分持っている	○	○
❹ 長期的には市場への参入・退出を自由に行える	○	× 他社が参入 できないから独占に なっている

独占市場の供給者である企業（独占企業）は、完全競争企業とは違ってプライステイカーではなく、財の価格設定に強い影響力を持ちます。独占企業の生産行動、つまり、生産量と価格をどう決めるかという問題は非常によく出題されますから、改めてSection 2で詳しく説明します。

3 寡占市場

　寡占市場とは供給者が少数である市場です。日本では、ビール、携帯電話キャリア、自動車、鉄鋼などが少数の大企業しか生産・供給していない寡占市場に当たります。

　寡占市場についても完全競争市場の条件のうちどの条件が欠けているかを 板書2 で説明しましょう。

236

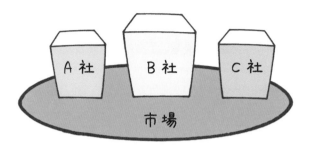

寡占市場のなかでも特に、供給者が2企業である市場を複占市場といいます。

板書2 寡占市場の特徴

	完全競争市場	寡占市場
❶ 需要者も供給者も多数存在する	○	× 供給者が少数
❷ どの企業（供給者）の商品も同品質（商品の質に違いがない）	○	○× 両方あり
❸ 需要者も供給者も商品の取引に必要な情報は十分持っている	○	○
❹ 長期的には市場への参入・退出を自由に行える	○	× 他社が参入 できないから供給者 が少数である

❷の条件について、寡占市場では両方の場合があり得ます。例えば鉄鋼メーカーが供給する商品の質には大きな違いがないといえますが、自動車メーカーはそれぞれ独自の技術で性能を競い合っています。

4　独占的競争市場

　独占的競争市場とは供給者は多数いるものの供給している商品が異なる市場です。

　「独占」と「競争」という語が入っているので、独占市場（供給者が1社）と完全競争市場（供給者が多数）の中間のように受け止めてしまい、供給者が少数の市場だと勘違いしがちなのですが、供給者が少数の市場は寡占市場です。

　独占的競争市場の供給者は多数います。しかし、商品が異なる（差別化している）ので市場の価格とは違う価格を設定することができるのです。自分で価格を決めることができるという意味で独占企業に似た性質を持っているので独占的競争市場といいます。

> 独占的競争市場の例として、ラーメン屋さんをイメージするとよいでしょう。市場では多数のラーメン屋さんが競争していますが、おいしいラーメン屋さんには価格が高くても行列ができます。お客は「ラーメンだったらどの店で食べても同じ」と思わず、その店のラーメンを食べたいと思うから行列に並んで高いお金を払います。
> つまり、味が違えば、平均的なラーメンの価格よりも高く提供することができるわけです。

　独占的競争市場についても完全競争市場の条件のうちどの条件を欠いているか、 板書3 で説明しましょう。

板書3 独占的競争市場の特徴

	完全競争市場	独占的競争市場
❶ 需要者も供給者も多数存在する	○	○ 多数のライバルと競争している
❷ どの企業（供給者）の商品も同品質（商品の質に違いがない）	○	× 商品が違うので独自に価格設定できる
❸ 需要者も供給者も商品の取引に必要な情報は十分持っている	○	○
❹ 長期的には市場への参入・退出を自由に行える	○	○ 自由に参入できるから供給者が多数いる

❷の「独自に価格設定できる」という特徴は独占企業と似ており、❶の「多数のライバルと競争している」という特徴は完全競争企業と似ていることがわかります。

5 不完全競争市場のまとめ

Section 1 の最後に、完全競争市場、独占市場、寡占市場、独占的競争市場について、 板書4 で整理しておきましょう。

板書4 不完全競争市場のまとめ

	完全競争市場	独占市場	寡占市場	独占的競争市場
❶ 需要者も供給者も多数存在する	○	×	×	○
❷ どの企業（供給者）の商品も同品質（商品の質に違いがない）	○	―	○×	×
❸ 需要者も供給者も商品の取引に必要な情報は十分持っている	○	○	○	○
❹ 長期的には市場への参入・退出を自由に行える	○	×	×	○

Section **2**

■ CHAPTER 3　不完全競争市場　—独占・寡占・独占的競争— ■

独占企業の生産行動

こんなことを学習します

Section 2 では、不完全競争企業の中でも出題頻度の高い、独占企業の生産行動について学びます。独占企業の生産行動で、完全競争企業との最大の違いは、価格と限界収入の関係です。ここをしっかり理解することがポイントです。

1 独占企業の直面する需要曲線

　完全競争企業は市場価格を受け入れるだけの存在（プライステイカー）ですから、市場価格が100円であれば常に価格を100円に設定する必要があります。100円より少しでも高ければライバル企業の商品を買われてしまいますし、ライバル企業の商品もすべて同質なので、100円に設定しておけば需要してもらえます。

　しかし独占企業の場合は、**市場においてその財を自社しか供給していないため、市場において価格設定に大きな影響を持ちます。**そのことを完全競争市場と比較しながら説明しましょう。

1 完全競争市場の価格決定

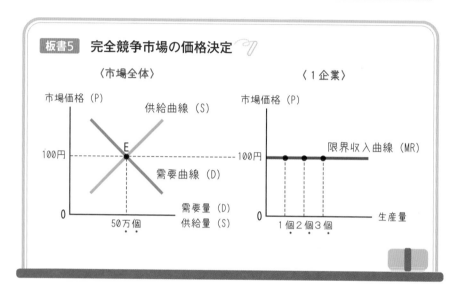

板書5 完全競争市場の価格決定

〈市場全体〉

市場価格（P）
供給曲線（S）
100円
E
需要曲線（D）
0
50万個
需要量（D）
供給量（S）

〈1企業〉

市場価格（P）
限界収入曲線（MR）
100円
0
1個2個3個
生産量

CHAPTER 1の復習になりますが、**完全競争市場**においては、市場需要曲線と市場供給曲線が **板書5** の左のような形であるとき、その交点である点Eで完全競争市場均衡が実現します。この点Eに対応する価格100円が市場価格となるため、市場に存在するすべての供給者はこの価格を受け入れるしかありませんでした。

　常に市場価格100円で買ってもらえるので、生産量を1個増やしたときの総収入の増加分である限界収入（MR）も市場価格（100円）と等しくなり、**限界収入曲線（MR）は市場価格の高さ（P＝100円）で横軸に水平な形となります**。

2 独占企業の直面する需要曲線

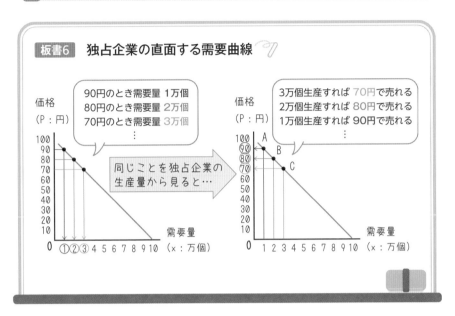

板書6 独占企業の直面する需要曲線

90円のとき需要量 1万個
80円のとき需要量 2万個
70円のとき需要量 3万個
⋮

3万個生産すれば 70円で売れる
2万個生産すれば 80円で売れる
1万個生産すれば 90円で売れる
⋮

同じことを独占企業の
生産量から見ると…

独占企業の場合はどうでしょうか。いま、独占市場において、市場需要曲線が 板書6 の左のグラフのようにあったとしましょう。価格が90円のときの需要量は1万個、80円のときの需要量は2万個、70円のときの需要量は3万個……という具合に価格と需要量の関係を読み取ることができます。

独占市場においては、市場全体の需要量はすべて1社の独占企業が供給していますから、**独占企業の生産量（供給量）と市場全体の需要量は同じ**ということになります。市場需要曲線の意味するところを独占企業の供給量の側から解釈すると、右のグラフのように、**独占企業の生産量（供給量）と価格の関係を表している**ことになります。

例えば右のグラフにおいて、独占企業の生産量が1万個であれば90円で需要してもらえます（点A）が、生産量を2万個に増やすと80円でしか需要してもらえません（点B）。さらに3万個に生産量を増やすと70円に値下がりしてしまいます（点C）。

このように**独占市場では、独占企業が生産量を増やすと市場需要曲線に沿**

ミクロ経済学

CH3 不完全競争市場 ―独占・寡占・独占的競争―

って価格が下がってしまい、反対に、生産量を減らせば市場需要曲線に沿って価格を吊り上げることができます。つまり、独占企業は生産量（供給量）を増減させることを通じて価格を動かすことができるのです。

独占企業のように価格を動かすことができる市場参加者をプライスメイカーといいます。

完全競争企業：プライステイカー（市場均衡によって定まる市場価格を受け入れる）
独占企業　　：プライスメイカー（生産量をコントロールすることで価格を動かせる）

> ところで、独占市場のグラフには市場需要曲線だけが描かれ、市場供給曲線がありませんでした。これについてはこの後説明します。

2 独占企業の限界収入

1 完全競争企業の限界収入

これも復習ですが、完全競争市場では供給者も需要者もプライステイカーですから、企業は常に一定の市場価格で財を需要してもらえます。例えば、市場価格が100円であれば常に100円で需要してもらえますので、生産量を1個増やすと企業の収入は市場価格と同額の100円増加します。

この、生産量が1個増加したときの収入の増加分を限界収入（MR：Marginal Revenue）といいましたね。

2 独占企業の限界収入

ところが、先ほど 板書6 で見たとおり、独占企業の場合は生産量を増やすと市場需要曲線に沿って価格が下がってしまうため、必ずしも価格と限界収入は一致しなくなります。

まず、 板書6 の市場需要曲線を前提に、独占企業の限界収入を計算してみましょう。

板書7 独占企業の限界収入の計算

生産量 (X)	価格 (P)	総収入 (R＝X×P)	総収入の 増加(ΔR)		生産量の 増加(ΔX)		限界収入 (MR＝$\frac{\Delta R}{\Delta X}$)
0個	なし	0円					
1万個	90円	90万円	＋90万円	÷	＋1万個	＝	90円
2万個	80円	160万円	＋70万円	÷	＋1万個	＝	70円
3万個	70円	210万円	＋50万円	÷	＋1万個	＝	50円
4万個	60円	240万円	＋30万円	÷	＋1万個	＝	30円
5万個	50円	250万円	＋10万円	÷	＋1万個	＝	10円
6万個	40円	240万円	－10万円	÷	＋1万個	＝	－10円
7万個	30円	210万円	－30万円	÷	＋1万個	＝	－30円

市場需要曲線(D)

限界収入曲線(MR)

CHAPTER 1で学習したとおり、限界収入（MR）は、「生産量を1個増やしたときの総収入の増加分」です。「総収入の増加（ΔR）」にある数値は、生産量が1万個ずつ増えたときの収入の増加分なので、限界収入を求めるときには1万個（ΔX）で割ります。

板書7 で計算した限界収入の推移を見ると、生産量の増加に伴って値が減少していることがわかります。生産量が増加すると限界収入が減少する、という関係にあるため、グラフにすると右下がりの直線になることがわかります。なおかつ市場需要曲線よりも小さい値で推移するため、**板書8** のように**限界収入曲線は市場需要曲線の下方に位置する**ことになります。

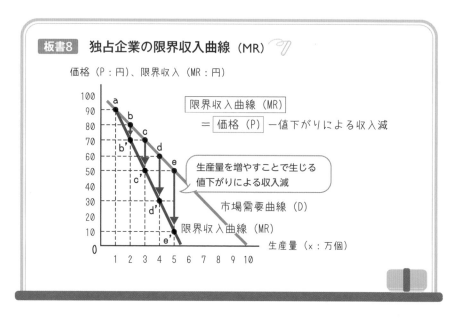

板書8 独占企業の限界収入曲線 (MR)

価格 (P：円)、限界収入 (MR：円)

限界収入曲線 (MR)
＝ 価格 (P) －値下がりによる収入減

生産量を増やすことで生じる
値下がりによる収入減

市場需要曲線 (D)

限界収入曲線 (MR)

生産量 (x：万個)

板書6 で確認したとおり、独占市場においては、生産量が増えると財の価格が下がります。すると、生産量を１個増やせば新しい価格の分だけ収入は増加するのですが、**生産量を増やすことによって、生産量が少なければ高く売れるものが値下がりしてしまいます**。これが、限界収入曲線が市場需要曲線が表す価格より下方に位置する理由です。

例えば、**板書8** において２万個の生産量であれば80円で売れるわけですが（点b）、生産量をさらに１万個増やして３万個にすると70円になってしまいます（点c）。つまり、３万個目は価格70円分だけ収入が増えるのですが、２万個で生産をやめておけば80円で売れるはずのものが10円値下がりするので収入が減ってしまい、その分だけ限界収入は価格よりも低くなってしまうのです（点c'）。

3 独占企業の生産行動

1 完全競争企業の生産行動

CHAPTER 1で学習したとおり、完全競争企業は利潤最大化を目的として行動します。この利潤最大化が実現するポイントは、限界収入（MR）と限界費用（MC）が一致する点でしたね。

また、完全競争企業の場合は限界収入が市場価格（P）でもあったため、利潤最大化点では価格、限界収入、限界費用の3つが一致していました。

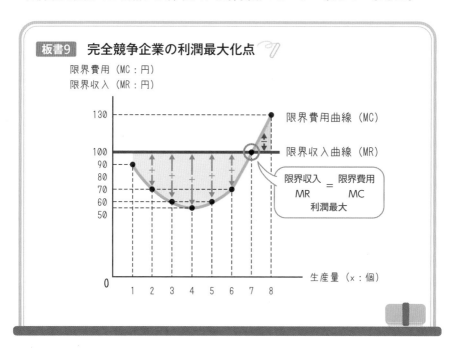

板書9　完全競争企業の利潤最大化点

2 独占企業の生産行動

完全競争企業と同様に、独占企業の限界費用はある生産量までは減少していき、その生産量を超えると増えていくと仮定しましょう。すると、独占企業の限界費用曲線は板書10のようにU字型になります。

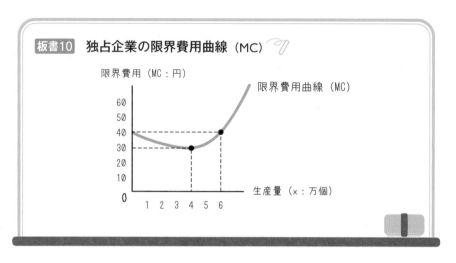

板書10 **独占企業の限界費用曲線（MC）**

限界費用（MC：円）

限界費用曲線（MC）

60
50
40
30
20
10
0

生産量（x：万個）

1 2 3 4 5 6

板書10 の限界費用曲線（MC）と 板書8 の市場需要曲線（D）、限界収入曲線（MR）を 板書11 に同時に描いて、独占企業の生産行動について説明しましょう。

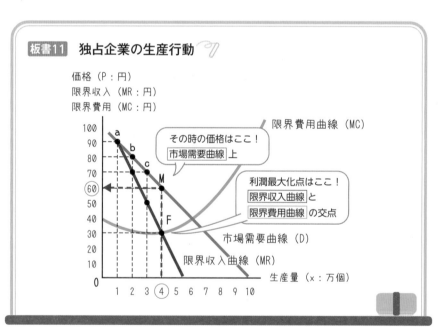

板書11 **独占企業の生産行動**

価格（P：円）
限界収入（MR：円）
限界費用（MC：円）

100
90
80
70
60
50
40
30
20
10
0

限界費用曲線（MC）

その時の価格はここ！
市場需要曲線 上

利潤最大化点はここ！
限界収入曲線 と
限界費用曲線 の交点

市場需要曲線（D）

限界収入曲線（MR）

生産量（x：万個）

1 2 3 ④ 5 6 7 8 9 10

独占企業も完全競争企業と同じように利潤最大化を目的とするので、新た
に1個作るときの費用の増加（限界費用）よりも新たに1個作るときの収入
の増加（限界収入）が大きければ利潤が増えるので生産します。すると結局、
**限界収入と限界費用が等しくなる生産量が利潤最大となるので、その生産量
に決定**します。グラフ上で見ると、限界収入曲線（MR）と限界費用曲線
（MC）の交点Fに当たる生産量4万個が、独占企業の利潤最大化を実現する
生産量となります。

　ここまでは完全競争企業と同じですが、違うのは価格です。完全競争企業
の場合は市場価格は一定で、限界収入（MR）と一致していましたが、独占
企業はプライスメイカーであり、市場需要曲線に沿って変動するのでしたね。
つまり、**利潤最大の生産量のときに需要者が買ってくれる価格、つまり、市
場需要曲線（D）の高さ点Mの価格60円に決まります。**

	利潤最大化生産量	価格
完全競争企業	限界収入曲線と限界費用曲線の交点（MR＝MC）	一定（MRに一致）
独占企業		利潤最大化生産量に対応する**市場需要曲線（D）上の価格**

独占企業の利潤最大化生産量に対応する価格（点Mの60円）を、限界
収入曲線と限界費用曲線の交点に対応する価格（ 板書11 だと点Fの30
円）としないように気をつけましょう。

3 クールノーの点

　以上のことからわかるように、独占企業は生産量と価格の両方を決定でき
る存在です。

　 板書11 では、生産量を4万個、価格を60円と決定するので点Mになりま
す。つまり、**独占企業には供給曲線はなく、供給点を自ら決定する**のです。
この点を**クールノーの点**と呼びます。

供給曲線とは、市場価格が70円だったら供給量は6万個、市場価格が100円だったら7万個といった具合に、市場価格の変化に応じた供給量を表すものです。ですから、供給曲線は、市場価格を受け入れるプライステイカーである完全競争企業にしかありません。

4 独占の評価【余剰分析】

　ここまでの説明で独占企業の生産行動がわかりました。最後にCHAPTER 2と同じく、独占市場というものが望ましい経済といえるのか、その効率性について余剰分析を使って評価しましょう。

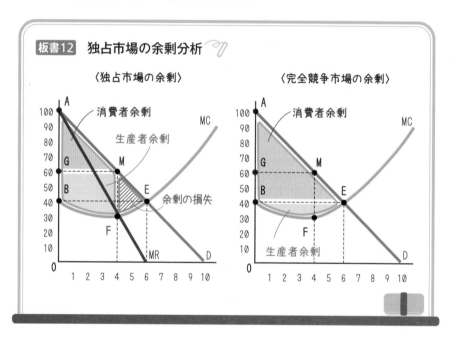

板書12 独占市場の余剰分析

〈独占市場の余剰〉　　　　　〈完全競争市場の余剰〉

1 独占市場の余剰

　板書12の左のグラフにおいて、独占企業は限界収入＝限界費用（MR＝MC）となる点Fの生産量4万個に、価格はその4万個のときの市場需要曲

線の高さ点Mの60円にそれぞれ決定します。

このとき、**消費者余剰は市場需要曲線と価格の差**でしたから、△AGMに当たります。一方、生産者余剰は価格と市場供給曲線との差でしたが、独占企業には市場供給曲線がありません。代わりに**価格と限界費用曲線の差が生産者余剰**となります。なぜなら**限界費用**（生産量を1個増やしたときの総費用の増加）**より高い価格で供給できればその差の分だけ利益を得る**からです。ここでは生産者余剰はBFMGとなります。そして、社会全体の利益である総余剰はこの2つを合計したABFMとなります。

ミクロ経済学

CH3

不完全競争市場 —独占・寡占・独占的競争—

2 完全競争市場の余剰

次に、独占市場の総余剰を評価するために、完全競争市場だったらどのような総余剰となるのかを見てみましょう。

板書12の右のグラフにおいて、生産量を需要曲線と限界費用曲線が交わる点Eの6万個にした場合、価格は40円となります。このときの消費者余剰は市場需要曲線と価格40円に囲まれた△ABE、生産者余剰は価格40円と限界費用曲線（MC）に囲まれたBFEとなり、総余剰はこれら2つを足したABFEとなります。

3 独占の評価

改めて、板書12の左右のグラフを比べて、独占という状況の評価をしてみましょう。板書12の左のグラフより、独占市場の場合の利潤最大化生産量は4万個となり、これは総余剰が最大となる生産量6万個よりも少ないため余剰の損失が△EMFだけ生じています。**独占企業は社会全体の利益である総余剰を最大にするのではなく自社の利潤最大化だけを考えるので、生産量を減らすことによって価格を吊り上げているのです。**

一方、完全競争市場を前提にした右のグラフでは余剰の損失がないことがわかります。

独占企業というと価格を吊り上げて消費者からお金を奪うというイメージがあるかもしれませんが、消費者からお金を奪うだけであれば社会全体の利益である総余剰は変わりません（消費者から多く得た分は企業側の生産者余剰とな

るため）。しかしそうではなく、独占企業は価格を吊り上げるために生産量を減らす決断をするので、これによって社会全体の利益である総余剰も減らしてしまい、効率が悪くなってしまうのです。

4 総余剰を直接求める方法

今度は、総余剰を直接求める方法で、独占市場の評価をしましょう。

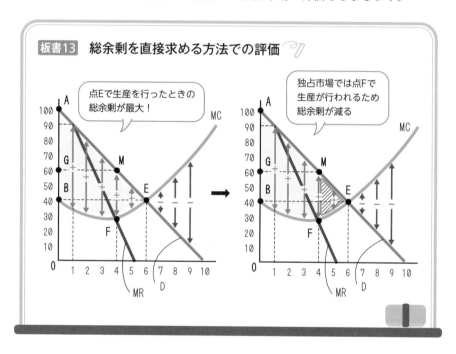

総余剰は、市場需要曲線（商品の価格）と限界費用曲線の差として求めることができました。このことについて、板書13を使って説明しましょう。CHAPTER 2と同じく総余剰を直接求める方法を用いますが、大切なところですので再度詳しく説明しましょう。

まず左の図から見てみましょう。1万個目を生産すると市場需要曲線から需要者は90円で買ってくれます。なぜ需要者は90円で買うかというとその商品に90円の価値があると考えているからです。つまり市場需要曲線の高さとは需要者が買ってくれる価格を表していますが、それは商品の価値にほ

かなりません。ですから、1万個目を生産すると90円で買ってもらえるので90円の価値があるのですが、その1万個目を1個生産したときの総費用の増加分（限界費用）は40円よりも低くなっています。つまり、社会全体では40円よりも低い費用しかかけずに90円の価値があるものを生産したので、その差の分だけ利益を受けていることになります。これが1万個目の社会全体の利益、総余剰です。

　このように社会にとっては、商品の価値を表す市場需要曲線の高さが限界費用曲線よりも高い限り、その差の分だけ社会全体で利益を受け、総余剰が増えることになります。

　したがって、**総余剰が最大となるのは、市場需要曲線と限界費用曲線が交差した点Eの生産量6万個**です。6万個よりも多く生産してしまうと、今度は商品の価値である市場需要曲線よりも限界費用曲線のほうが上にありますので、その差の分だけ社会全体では損をしてしまいます。これは、30円の価値しかない商品を50円も限界費用をかけて生産してしまうとその差の20円だけ社会全体で損をしてしまう、というような状況です。

　このように、生産量が6万個のときの最大の総余剰はABFEですが、右の図にあるように、独占企業は限界収入曲線（MR）と限界費用曲線（MC）の交わる点Fで、生産量を4万個に決定してしまいます。これより右側の領域での生産は行われないので、総余剰はABFMとなります。

　こうして、独占市場の場合にはEMFの分だけ余剰の損失が生じることが確かめられます。

CHAPTER 3　過去問チェック！

●次の各記述が妥当かどうか（○か×か）を判断しなさい。

問1　Section 1 2 3 4
　不完全競争市場の形態には、独占、複占、寡占、独占的競争があり、独占的競争は、少数の企業が同質の財を生産するものである。　　　　　　　　特別区Ⅰ類2010

問2　Section 2 1
　独占企業は、価格支配力を持ち、供給曲線に沿って価格を変化させることができるプライス・テイカーである。　　　　　　　　　　　　　　　　　　特別区Ⅰ類2010

問3　Section 2 3
　クールノーの点とは、独占市場における価格水準を示すものであり、限界収入と限界費用の一致する点のことである。　　　　　　　　　　　　　　　国家一般職2004

問4　Section 2 3
　需要曲線と限界費用曲線が一致する点に対応するところで生産を行うと独占企業の利潤は最大になる。　　　　　　　　　　　　　　　　　　　　　国家一般職2004

●次の問題の正解を❶～❺から選びなさい。

問5 Section 2 ④

次の図は、縦軸にある財の価格を、横軸にその生産量をとり、需要曲線をD、限界費用曲線をMC、その交点をIで表したものである。今、この財の市場が、完全競争市場から、財が独占企業によって供給される独占市場となり、限界収入曲線がMRで表される場合のこの図の説明として、妥当なのはどれか。

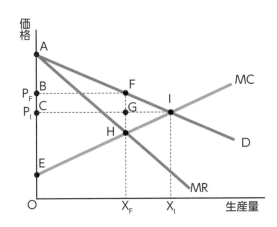

❶ 独占市場になると、生産量はX_FからX_Iへと拡大し、価格はP_FからP_Iへ下落する。

❷ 独占市場になると、厚生損失を表す面積は、三角形FHIから三角形FGIとなる。

❸ 独占市場になると、消費者余剰を表す面積は、三角形ABFから三角形ACIとなる。

❹ 独占市場になると、生産者余剰を表す面積は、三角形CEIから四角形BEHFとなる。

❺ 独占市場になると、社会的余剰を表す面積は、三角形AEIから四角形BEHFとなる。

特別区Ⅰ類2014

解答

問1 ×　独占的競争市場に参入している企業は少数ではなく多数です。また、独占的競争市場においては財は同質ではなく、それぞれの企業により差別化されています。

問2 ×　まず、価格支配力を持つ独占企業はプライス・テイカーではなくプライス・メイカーに当たります。また、独占企業は供給曲線ではなく市場需要曲線に沿って財の価格を変化させます（独占市場には供給曲線が存在しません）。

問3 ×　限界収入曲線と限界費用曲線が交わる点は独占企業の利潤最大化が実現するポイントではありますが、そのときの財の価格は市場需要曲線上に存在します。これがクールノーの点です。

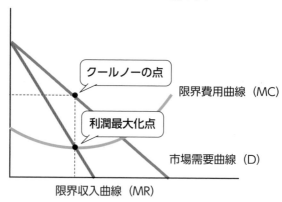

問4 ×　問3の解説にもあるとおり、独占企業の利潤が最大となるのは需要曲線の下方に位置する限界収入曲線と限界費用曲線の交点においてです。

問5　正解4

まず、完全競争市場のときには限界費用曲線（MC）が供給曲線となるので、供給曲線（問題文の図では限界費用MC）と需要曲線（D）が交わる点Iで均衡し、生産量はX_I、価格はP_Iとなります。このとき、消費者余剰は需要曲線と価格P_I（＝限界収入曲線）に囲まれた△ACI、生産者余剰は価格P_Iと限界費用曲線MC（供給曲線）に囲まれた△CEI、総余剰は2つを合計した△AEIとなります。

　一方、独占企業は限界収入（MR）と限界費用（MC）が等しく利潤最大となる生産量X_Fに決定するので、価格はX_Fのときの需要曲線上の点FでぶつかったP_Fに決めます。このときの消費者余剰は需要曲線と価格P_Fに囲まれた△ABF、生産者余剰は価格P_Fと限界費用曲線EHに囲まれた□BEHFとなり、総余剰は2つを合計した□AEHFとなります。この総余剰は完全競争市場のときの総余剰△AEIと比べて△FHIだけ減少しています。

　以上の余剰分析を整理し選択肢に答えていきましょう。

	完全競争市場	独占市場	独占市場に移行したことによる増減
生産量	X_I	X_F	↓
価格	P_I	P_F	↑
消費者余剰	△ACI	△ABF	↓
生産者余剰	△CEI	□BEHF	↑
総余剰	△AEI	□AEHF	↓

❶　×　表にあるとおり、生産量は縮小し、価格は上昇しています。

❷　×　完全競争市場においては余剰の損失（厚生損失）はありません。独占市場に移行したことによる余剰の損失は、総余剰における完全競争市場と独占市場との差に当たります。△AEIと□AEHFの差は△FHIであり、これが独占市場に移行したことによって生じた余剰の損失です。

❸　×　表にあるとおり、△ACIから△ABFに縮小しています。

❹　〇　表にあるとおり、△CEIから□BEHFに拡大しています。

❺　×　表にあるとおり、△AEIから□AEHFに縮小しています。

CHAPTER 4

市場の失敗
― 外部効果と公共財 ―

これまでと違い、完全競争市場を前提にしても最適な資源配分が実現できないケースとして、外部効果と公共財というテーマを学習します。

外部効果
【外部不経済と外部経済】

こんなことを学習します

外部不経済

外部経済

現実の世界では、企業が行う生産活動の結果として公害が生じることがあります。公害が悪影響をもたらしているのに、市場に任せて放置しておくのが望ましくないということは直感的にわかると思いますが、ここではなぜそれがよくないのか、経済学的に考えます。逆に、企業の生産活動が図らずも社会に別のよい影響を与えることもあります。その場合についても分析しますが、実はこれが政府によってさまざまな補助金が支給される理論的根拠となります。

1　市場の失敗とは

CHAPTER 2〜3の学習で、完全競争市場においては総余剰が最大化され、不完全競争市場の1つである独占市場では余剰の損失が生まれることを見てきました。ここまでの議論を見る限り、完全競争市場の市場原理に任せておけば望ましい経済が実現されるように思えますね。

ところが、必ずしもそうとは限りません。**CHAPTER 4で学習する市場の失敗**とは、完全競争市場を前提としているのに最適な資源配分が実現できないケースをいいます。ここでは市場の失敗の例として、外部効果と公共財を説明します。

2 外部効果

需要者と供給者以外の第三者に影響を与えることを外部効果といいます。外部効果のうち、悪い影響を与えることを外部不経済、よい影響を与えることを外部経済といいます。まずは外部不経済から説明しましょう。

1 外部不経済

❶ 外部不経済とは

外部不経済とは、取引当事者（需要者と供給者）以外の第三者に悪影響を与えることをいいます。典型的な例として公害が挙げられます。

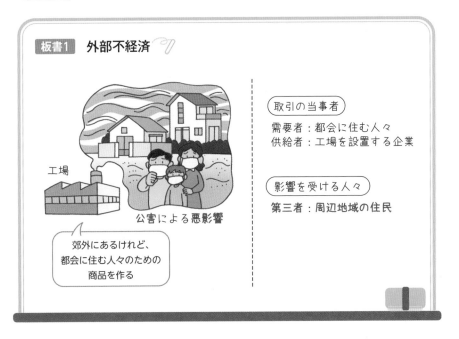

板書1　**外部不経済**

工場

公害による悪影響

郊外にあるけれど、都会に住む人々のための商品を作る

取引の当事者
需要者：都会に住む人々
供給者：工場を設置する企業

影響を受ける人々
第三者：周辺地域の住民

また、同じように地球温暖化問題も外部不経済と考えることができます。地球温暖化の原因となる温室効果ガスを発生させて経済活動を行う国（中国、アメリカ、インドなど）と地球温暖化により悪影響を受ける国（太平洋にある島国など）が必ずしも一致しないためです。

❷ 限界外部費用

　企業が生産活動を行うための工場があるとします。工場で生産活動を行うことで、周囲に住む人々（需要者でも供給者でもない第三者）に騒音や大気汚染などの公害が生じる場合、企業が生産に当たって負担する費用とは別に、第三者に負担させている費用があると考えます。

　このように、ある財を1個生産するごとに、第三者に対して生じるこのような費用（悪影響）を限界外部費用といいます。

❸ 私的限界費用と社会的限界費用

　これまで限界費用（MC）とは、企業が財を追加的に1個生産するときに新たに生じる費用、と説明してきました。これと全く同じ内容の費用を、ここでは私的限界費用（PMC：Private Marginal Cost）と呼び直すことにします。

> 私的限界費用に「私的」とあるのは、企業が社内で負担するにとどまる費用であるためです。

　今度は社会全体で考えましょう。社会全体といった場合には、需要者や供給者等の取引当事者だけではなく、地域の住民などの第三者も含まれます。ですから、生産量を1個増やしたときの社会全体での総費用の増加分を社会的限界費用（SMC：Social Marginal Cost）と呼びますが、この社会的限界費用は企業の負担する私的限界費用だけではなく第三者の負担する限界外部費用も加えたものになります。

　　社会的限界費用（SMC）＝私的限界費用（PMC）＋限界外部費用

> これまでは、私的限界費用と社会的限界費用を区別せずに「限界費用」とだけ表現していました。これは、外部効果を考慮しない限りこの2つが同じ値となるため、分ける必要がなかったからです。

❹　外部不経済を考える際の仮定

　ここまでの必要な概念を踏まえ、これから外部不経済について考えていきます。いつものように、議論を単純化するため 板書2 のような仮定を置きましょう。

板書2	**外部不経済分析の際の仮定**

仮定❶	**完全競争市場**である
仮定❷	企業の供給曲線は、私的限界費用曲線の右上がりの部分であり、各企業の供給曲線を水平に足し合わせた**市場供給曲線も右上がり**である
仮定❸	**市場需要曲線は右下がり**である（通常のケースを想定）
仮定❹	財を1個生産するごとに第三者に**限界外部費用**が生じる

　仮定❷について補足すると、供給曲線の右上がりの部分は限界費用曲線と一致していました。限界費用とは財を生産するのに負担する費用であり、企業は最低限この分を回収できる価格で供給できればよいからです。
　これが私的限界費用ですので、各企業の供給曲線を水平方向に合計した市場供給曲線も、各企業の私的限界費用を合計したものと一致します。

❺ 社会的限界費用曲線

それでは 板書3 に、右上がりの私的限界費用曲線（市場供給曲線）があったときの社会的限界費用曲線を描いてみましょう。

ここでは、財を1万個生産するごとに**限界外部費用が20円生じる**ものとします。

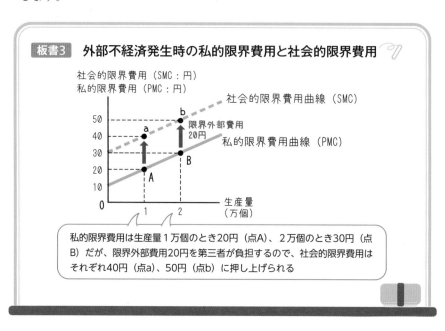

板書3 **外部不経済発生時の私的限界費用と社会的限界費用**

社会的限界費用（SMC：円）
私的限界費用（PMC：円）

社会的限界費用曲線（SMC）

限界外部費用
20円

私的限界費用曲線（PMC）

生産量
（万個）

私的限界費用は生産量1万個のとき20円（点A）、2万個のとき30円（点B）だが、限界外部費用20円を第三者が負担するので、社会的限界費用はそれぞれ40円（点a）、50円（点b）に押し上げられる

板書3 からわかるとおり、私的限界費用曲線（PMC）に限界外部費用が加わることで、グラフが20円分上に押し上げられた形になります。この押し上げられたグラフが社会的限界費用曲線（SMC）です。

このように、グラフからも、社会全体の限界費用は第三者が負担する限界外部費用を含み、

社会的限界費用（SMC）＝私的限界費用（PMC）＋限界外部費用

となることが確認できますね。

❻ 外部不経済発生時の余剰分析

板書3 の私的限界費用曲線（PMC）と社会的限界費用曲線（SMC）のグラフに、さらに、右下がりの市場需要曲線（D）を加えます。この 板書4 を使って、外部不経済が発生しているときの市場均衡が効率的であるかどうか、余剰分析を用いて検討します。

まずは余剰分析を考える前に市場均衡について考えてみましょう。外部不経済がある場合には、第三者が負担する限界外部費用の分だけ、企業の負担する私的限界費用よりも社会的限界費用が大きくなります。そのため、社会的限界費用曲線（SMC）と私的限界費用曲線（PMC）がずれてしまいます。

企業は自社の利潤最大化を目的に行動するため、自社の負担する私的限界費用だけを考えて行動します。 ですから、**市場供給曲線（S）は私的限界費用曲線（PMC）と等しくなります。** ここで、仮定❶にあるようにこの市場は**完全競争市場ですから、市場需要曲線（D）と市場供給曲線（S）である私的限界費用曲線（PMC）の交点Eで市場は均衡し、**価格は60円、生産量は5万個となります。

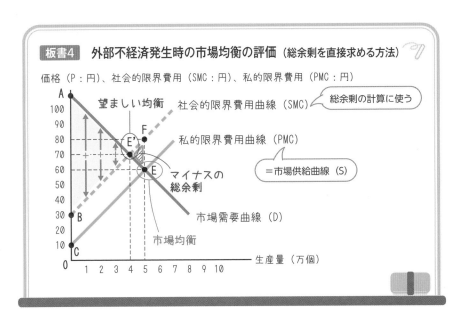

板書4　**外部不経済発生時の市場均衡の評価**（総余剰を直接求める方法）

価格（P：円）、社会的限界費用（SMC：円）、私的限界費用（PMC：円）

望ましい均衡　社会的限界費用曲線（SMC）→ 総余剰の計算に使う

私的限界費用曲線（PMC）

＝市場供給曲線（S）

マイナスの総余剰

市場需要曲線（D）

市場均衡

生産量（万個）

ミクロ経済学

CH4　市場の失敗 ——外部効果と公共財——

265

次に、直接総余剰を求める方法で考えてみましょう。

総余剰は社会全体の利益ですから、**総余剰を考える際の限界費用は第三者に負担させる限界外部費用も加えた社会的限界費用**でなくてはなりません。社会的限界費用（SMC）よりも商品の価値である市場需要曲線（D）のほうが上にあれば、その分だけ総余剰は増加しますから、**市場需要曲線（D）と社会的限界費用曲線（SMC）の交点E'の生産量4万個まで生産すると、総余剰は△ABE'となり最大となります。**

しかし、市場に任せておくと市場均衡点は点Eで生産量は5万個となります。4万個から5万個までは市場需要曲線（D）より社会的限界費用曲線（SMC）が上にありますが、これは60円の価値しかないものを80円もの限界費用をかけて生産していることになり、社会全体で20円だけ損をしてしまっているというような状態です。

板書4 でいえば、△EE'Fだけ総余剰はマイナスになってしまっており、余剰の損失が発生しています。

つまり、外部不経済が発生しているときには、企業は第三者に与えている迷惑は考慮せずに自分の限界費用（私的限界費用）だけで生産量を決定しますから、過剰生産となってしまうのです。

それでは次に、消費者、生産者、第三者への悪影響（マイナスの余剰）を求め、それらを合計して総余剰を求めるという標準的な方法を説明しましょう。板書5 を見てください。

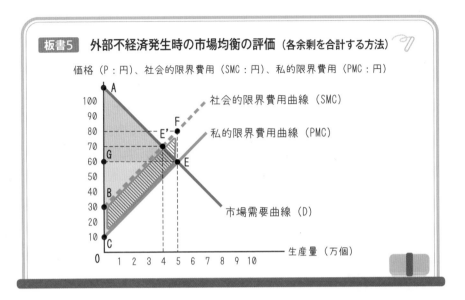

完全競争市場なので均衡点は点Eとなり、市場価格は60円となります。消費者余剰は市場需要曲線と市場価格で囲まれた面積である△AGE、生産者余剰は私的限界費用曲線（市場供給曲線）と市場価格で囲まれた面積である△CEGとなります。

ただそれだけではなく、この市場における企業の生産活動は外部不経済を生じています。限界外部費用を合計したものが□BCEFの面積となり、この分はマイナスの余剰として差し引かなければなりません。

□BCEE'の分は消費者余剰と生産者余剰と相殺され、さらに△E'EF分のマイナスが残りますので、

消費者余剰	：△AGE
生産者余剰	：△CEG

}△ACE

+ ）第三者の余剰 ：−□BCEF　⇒マイナスの余剰なので負の符号！

　　総余剰　　：△ABE'−E'EF

となります。

❼ ピグー税

改めて、外部不経済の問題点は、企業が生産活動を通じて社会にもたらす悪影響を考慮せず、自社の都合だけで生産量を決定する結果、過剰生産が生じてしまうことにありました。

そこで、そのような過剰生産を防ぐために**A. C. ピグーという経済学者は、企業に対して生産量を1個増やすごとに第三者に与えている悪影響（限界外部費用）20円分だけ税金をかけてやればよいと考えました。**このように、外部不経済が発生しているときに限界外部費用の分だけ生産量1個につき課税する方法をピグー税といいます。

A. C. ピグー（1877-1959）
イギリスの経済学者
ケインズと同様にマーシャルの教え子であり、マーシャルの古典派経済学を継承し、ケインズと論争を展開しました。

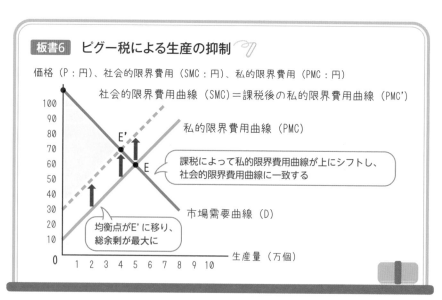

板書6 **ピグー税による生産の抑制**

価格（P：円）、社会的限界費用（SMC：円）、私的限界費用（PMC：円）

社会的限界費用曲線（SMC）＝課税後の私的限界費用曲線（PMC'）

私的限界費用曲線（PMC）

課税によって私的限界費用曲線が上にシフトし、社会的限界費用曲線に一致する

市場需要曲線（D）

均衡点がE'に移り、総余剰が最大に

生産量（万個）

板書6において企業に対して1個生産するごとに20円だけ税金をかけると、企業の私的限界費用が20円上昇して私的限界費用曲線（PMC）も20円だけ上にシフト（移動）してPMC'となります。私的限界費用曲線が市場供給曲線ですから、新しい市場供給曲線（S）も20円だけ上にシフトし社会的限界費用曲線（SMC）と等しくなります。その結果、市場需要曲線と新しい市場供給曲線の交点は点E'となり、4万個という総余剰が最大となる生産量を実現することができます。

2 外部経済

❶ 外部経済とは

　それでは、次に、第三者にプラスの影響を与えている場合について考えましょう。

　取引当事者（需要者と供給者）以外の第三者に好ましい影響（便益）を与えることを外部経済といいます。

　典型的な例として、植林の治水効果が挙げられます。

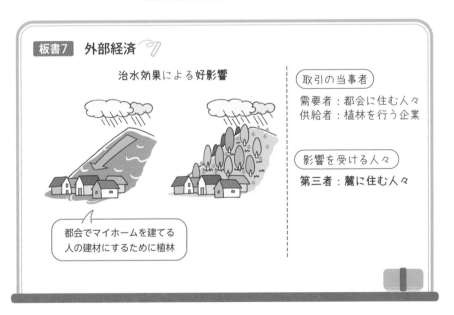

板書7　外部経済

治水効果による好影響

取引の当事者
需要者：都会に住む人々
供給者：植林を行う企業

影響を受ける人々
第三者：麓に住む人々

都会でマイホームを建てる人の建材にするために植林

❷　限界外部便益

　いまの例のように、企業が行う生産活動が、取引の相手ではない第三者に好影響をもたらすことがあります。これは、**企業が生産活動の結果として受け取る収入とは別に、第三者に対して発生させている便益**です。

　このように、ある財を1個生産するごとに、第三者に対して生じるこのような便益（好影響）を**限界外部便益**といいます。

❸　外部経済を考える際の仮定

　ここでも議論を単純化するために、板書8 のような仮定を置きましょう。仮定❹以外は外部不経済のときと同じです。

板書8	**外部経済分析の際の仮定**
仮定❶	完全競争市場である
仮定❷	企業の供給曲線は、私的限界費用曲線の右上がりの部分であり、各企業の供給曲線を水平に足し合わせた**市場供給曲線も右上がり**である
仮定❸	**市場需要曲線は右下がりである**（通常のケースを想定）
仮定❹	財を1個生産するごとに第三者に**限界外部便益**が生じる

❹ 社会的限界費用曲線

それでは 板書9 に、右上がりの私的限界費用曲線（市場供給曲線）があったときの社会的限界費用曲線を描いてみましょう。

ここでは、財を 1 万個生産するごとに**限界外部便益が20円**生じるものとします。

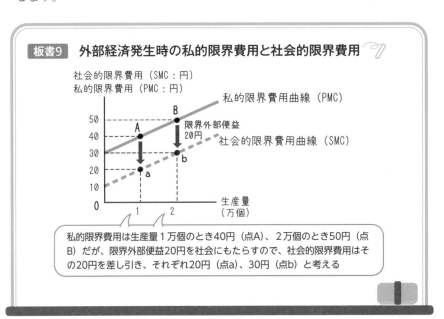

板書9 **外部経済発生時の私的限界費用と社会的限界費用**

社会的限界費用（SMC：円）
私的限界費用（PMC：円）

私的限界費用曲線（PMC）

B

50
A 限界外部便益
40 20円
30 社会的限界費用曲線（SMC）
b
20 a
10

0 1 2 生産量
（万個）

私的限界費用は生産量 1 万個のとき40円（点A）、2 万個のとき50円（点B）だが、限界外部便益20円を社会にもたらすので、社会的限界費用はその20円を差し引き、それぞれ20円（点a）、30円（点b）と考える

板書9 からわかるとおり、私的限界費用曲線（PMC）から限界外部便益が差し引かれることで、グラフが20円分下に引き下げられた形になります。この引き下げられたグラフが社会的限界費用曲線（SMC）です。

限界外部便益は社会全体に生じるコスト削減効果のようなものであり、

社会的限界費用（SMC）＝私的限界費用（PMC）－限界外部便益

となることが確認できますね。

❺　外部経済発生時の余剰分析

　板書9 の私的限界費用曲線（PMC）と社会的限界費用曲線（SMC）のグラフに、さらに、右下がりの市場需要曲線（D）を加えます。この 板書10 を使って、外部経済が発生しているときの市場均衡が効率的であるかどうか、余剰分析を用いて検討します。

　まずは余剰分析を考える前に市場均衡について考えてみましょう。外部経済がある場合には、第三者にもたらしている限界外部便益の分だけ、企業の負担する私的限界費用よりも社会的限界費用が小さくなります。そのため、社会的限界費用曲線（SMC）と私的限界費用曲線（PMC）がずれてしまいます。

　企業は自社の利潤最大化を目的に行動するため、自社の負担する私的限界費用だけを考えて行動します。ですから、市場供給曲線（S）は私的限界費用曲線（PMC）と等しくなります。ここで、仮定❶にあるようにこの市場は**完全競争市場ですから、市場需要曲線（D）と市場供給曲線（S）である私的限界費用曲線（PMC）の交点Eで市場は均衡し、価格は70円、生産量は4万個となります。**

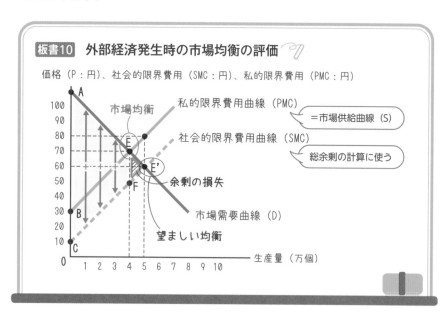

板書10　**外部経済発生時の市場均衡の評価**

価格（P：円）、社会的限界費用（SMC：円）、私的限界費用（PMC：円）

市場均衡

私的限界費用曲線（PMC）

＝市場供給曲線（S）

社会的限界費用曲線（SMC）

総余剰の計算に使う

余剰の損失

市場需要曲線（D）

望ましい均衡

生産量（万個）

次に、直接総余剰を求める方法で考えてみましょう。

総余剰は社会全体の利益ですから、総余剰を考える際の限界費用は第三者にもたらしている限界外部便益を差し引いた社会的限界費用でなくてはなりません。社会的限界費用（SMC）よりも商品の価値である市場需要曲線（D）のほうが上にあれば、その分だけ総余剰は増加しますから、**市場需要曲線（D）と社会的限界費用曲線（SMC）の交点E'の生産量5万個まで生産すると、総余剰は△ACE'となり最大となります。**

しかし、市場に任せておくと市場均衡点は点Eで生産量は4万個となります。4万個から5万個までの範囲においても市場需要曲線（D）は社会的限界費用曲線（SMC）より上にあるので、生産量を増やせば総余剰が増えるにもかかわらず、市場に委ねていると生産されなくなってしまいます。

板書10 でいえば、△EE'Fだけ総余剰はマイナスになってしまっており、余剰の損失が発生しています。

つまり、外部経済が発生しているときには、企業は第三者に与えている好影響（便益）は考慮せずに自分の限界費用（私的限界費用）だけで生産量を決定しますから、過少生産となってしまうのです。

❻ ピグー補助金

そこで、再びピグーの登場です。外部経済は社会にとってよい影響であるものの、企業がそれを考慮せずに生産量を決定する結果、過少生産が生じてしまうのが問題でした。

ピグーは、企業に対して生産量を1個増やすごとに第三者に与えている好影響（限界外部便益）20円分だけ補助金を支給すればよいと考えました。このように、外部経済が発生しているときに限界外部便益の分だけ生産量1個につき支給する補助金をピグー補助金といいます。

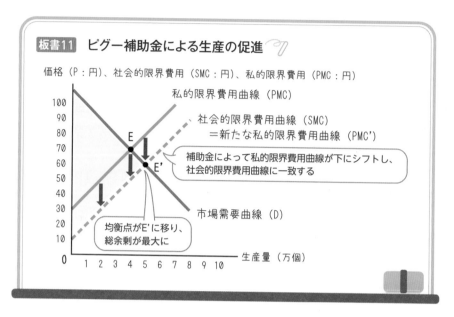

板書11　ピグー補助金による生産の促進

価格（P：円）、社会的限界費用（SMC：円）、私的限界費用（PMC：円）

私的限界費用曲線（PMC）

社会的限界費用曲線（SMC）
＝新たな私的限界費用曲線（PMC'）

補助金によって私的限界費用曲線が下にシフトし、社会的限界費用曲線に一致する

市場需要曲線（D）

均衡点がE'に移り、総余剰が最大に

生産量（万個）

　企業に対して1個生産するごとに20円だけ補助金を支給すると、企業の私的限界費用が20円減少して私的限界費用曲線（PMC）も20円だけ下にシフト（移動）してPMC'となります。私的限界費用曲線が市場供給曲線ですから、新しい市場供給曲線（S）も20円だけ下にシフトし社会的限界費用曲線（SMC）と等しくなります。その結果、新たな市場均衡は市場需要曲線（D）と下方にシフトした新たな市場供給曲線（PMC'）の交点である点E'となり、5万個という総余剰が最大となる生産量を実現することができます。

　このように、政府が、国民から集めた貴重な税金を補助金として支給する根拠は外部経済なのです。世の中によい影響を与えている生産活動には、補助金を支給しないと過少生産になってしまいます。政府はこれを考慮し、補助金によって総余剰が最大となる生産量にしようとしているわけです。

　外部経済が発生しているときには限界外部便益の分だけ生産量1個につき補助金を支給し、外部不経済が発生しているときには限界外部費用の分だけ生産量1個につき課税することによって最も効率のよい状態を実現しようという政策をピグー的政策といいます。

公共財
【ただ乗り問題をどう解決するか】

こんなことを学習します

これまでは、暗黙のうちに「消費したいと思った財は自分で購入しなければいけない」ということを前提に分析してきました。しかし財によっては、自分で購入しなくても、他人の物をその持ち主と同時に消費できてしまうことがあります。このような財を公共財といいますが、公共財の問題点と対策について考えます。

1　排除性と競合性

1　消費の排除性・競合性

　例えば、文字を書くのにペンを使おうと思ったら、自分でペンを購入しなければなりません。一時的にならペンを貸してくれる人もいるかもしれませんが、長い時間自分のものとして使いたいなら、自分でお金を出して自分だけのペンを手に入れることが必要です。

　このように、**多くの財は消費したいと思ったら自分で購入しなくてはなりません**。これは、他人の財を消費しようと思っても持ち主から消費を拒まれてしまうからです。財の持つこのような性質を「**消費の排除性**」、または「**消費の排除可能性**」といいます。また、多くの財は複数の人が同時に使うことはできません。このような性質を「**消費の競合性**」といいます。

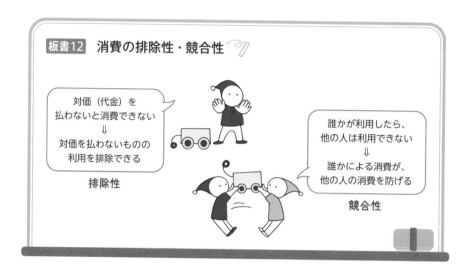

板書12　消費の排除性・競合性

対価（代金）を
払わないと消費できない
⇩
対価を払わないものの
利用を排除できる

排除性

誰かが利用したら、
他の人は利用できない
⇩
誰かによる消費が、
他の人の消費を防げる

競合性

2 消費の非排除性・非競合性

　これまでは、暗黙の前提として消費の排除性・競合性を持つ財を分析の対象としてきました。しかしながら、現実社会にはこうした性質を持たない財もあります。

　具体例として**ミサイル防衛**を挙げましょう。外国からミサイル攻撃を受けたときに、国土や国民を守ってくれるというサービスがミサイル防衛です。

　ミサイル防衛のような「国防」というサービスは国家によって供給されており、国民は税金を納めることでその恩恵を受けることができるはずです。ただ、中には税金を納めない国民もいますが、このサービスは、そのような対価を支払わない国民にも恩恵を与えてしまいます。なぜならミサイル防衛は、個々の国民が実際に対価を払ったかどうかに関係なく、国土全体を丸ごと防衛してしまう仕組みだからです。

　このように、ある種の財は**自分で対価を払って購入しなくても消費する**ことができてしまいます。財の持つこのような性質を「**消費の非排除性**」、または「消費の排除不可能性」といいます。また、ミサイル防衛は複数の人が同時に消費できるという性質も帯びていることがわかります。このような性質を「**消費の非競合性**」、または「同時消費性」といいます。

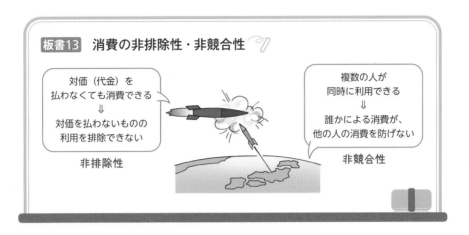

板書13 消費の非排除性・非競合性

対価（代金）を
払わなくても消費できる
⇩
対価を払わないものの
利用を排除できない

非排除性

複数の人が
同時に利用できる
⇩
誰かによる消費が、
他の人の消費を防げない

非競合性

2 排除性・競合性に基づいた財の分類

CHAPTER 1で、財をその性質に応じて上級財・中立財・下級財に分類しました。これとは違った分類軸で、いま説明した排除性・競合性の有無によって財を4種類に分類することができます。

1 私的財

「消費の排除性」と「消費の競合性」という性質を持つ財を私的財といいます。前項で例に挙げたペンのように、**通常の商品の多くはこの私的財に該当**し、代金を支払った人だけが消費できます。

特に明言してきませんでしたが、これまで扱ってきた財は基本的に、この私的財に該当します。

2 クラブ財

「消費の排除性」と「消費の非競合性」という性質を持つ財をクラブ財といいます。つまり、対価を支払う必要はあるけれど、同時に複数の人が消費できる財です。**会費制のトレーニング・ジム、映画館で観る映画**などが該当

します。

3 共有財（コモンプール財）

「消費の非排除性」と「消費の競合性」という性質を持つ財を共有財（コモンプール財）といいます。つまり、対価を支払わなくても利用できるけれど、同時に複数の人が消費できない財です。**公園のブランコ、漁業資源**などが該当します。

4 公共財（純粋公共財）

そして「消費の非排除性」と「消費の非競合性」という性質を持つ財を**公共財**（純粋公共財）といいます。前項で例に挙げたミサイル防衛のように、対価を支払わなくても利用できてしまい、なおかつ複数の人が同時に消費できる財です。

ミサイル防衛のような**国防**に加え、**警察、消防**などが該当します。

クラブ財や共有財（コモンプール財）のように、「非排除性」と「非競合性」のうち一方の性質だけを有する財を準公共財といいます。

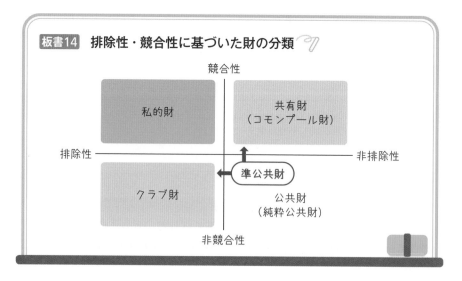

板書14 **排除性・競合性に基づいた財の分類**

競合性

私的財 　　　　　　　　共有財（コモンプール財）

排除性 ――――――――――――――― 非排除性

　　　　　　　準公共財

クラブ財 　　　　　　　公共財（純粋公共財）

非競合性

公共財の例としてミサイル防衛を挙げましたが、政府が提供する公共サービスの全てが公共財に当たるわけではありません。例えば、市役所や区役所が提供する住民票の写しは料金を支払わないともらうことができません。つまり、役所は代金を支払わない人を排除できるわけですから消費の排除性が成り立っています。しかも、ある人の住民票の写しを他の人が同時に使うことはできないので消費の競合性も成立しています。
つまり、住民票の写しは「消費の排除性」と「消費の競合性」を持つので、経済学では「私的財」となります。

3 フリーライドと市場の失敗

　先ほど例に挙げたミサイル防衛が、例えば「株式会社防衛省」という民間企業が運営するサービスだったらどうでしょうか。誰かがお金を払って契約してくれさえすれば、国土全体を守ってくれるサービスであるのをいいことに、多くの消費者はお金を払わなくなるかもしれません。すると、大多数にお金を払ってもらえない株式会社防衛省は、「こんなサービスは割に合わない」と考えてミサイル防衛の規模を縮小したり、やめてしまうかもしれません。

このように、公共財は利潤を確保するのが難しく、企業が担うと市場にじゅうぶんな量の供給がなされないため、政府が供給の担い手となっているのです。

　公共財は消費の非排除性（排除不可能性）という性質を持つので、お金を払って購入していない人の消費を排除することができません。ですから、自分でお金を払って購入しなくても人の物を使えばよいというただ乗り（フリーライド）が起こります。

　多くの人が「他人の買ったものを消費すればよいので自分で買うのはやめよう」と考え、財の対価を支払わなくなってしまうと、社会に必要な量よりも少ない供給しかされない可能性が出てきます。

このように公共財は、市場に任せていると、総余剰が最大となる最適な量よりも少ない量しか供給されません。公共財もまた、市場の失敗を招いてしまうのです。

4 リンダールの解法と政府の失敗

公共財によってもたらされる市場の失敗に対して、E.R.リンダールというスウェーデンの学者は板書15のような解決方法を考えました。

板書15 リンダールの解法

❶ まず社会の人々が公共財をどれだけ消費（使用）するのかを政府に正直に申告する。

❷ 政府は申告された需要量を集計して社会的に望ましい量を供給する。

❸ さらに、政府は、申告した需要量に応じて公共財の費用負担を決める。

つまり、公共財をたくさん需要（使用）する人には多い負担を、あまり需要（使用）しない人には少ない負担をしてもらいます。

この解決方法はリンダールが考えたので「**リンダールの解法**」と呼ばれますが、最大の問題点は人々が需要を政府に正しく申告するという点です。リンダールの解法では「需要が多い」と申告すると負担も多くなってしまうため、本当は多く消費（使用）するのに、費用負担を小さくするために少なめに申告しよう、という「ただ乗り」が起こる可能性があります。つまりこの解決方法もフリーライド問題を解決してはいないのです。

公共財は市場に任せておいても最適な量が供給されませんが、政府に任せたからといって、政府が人々の需要を正しく把握できるわけではないので、最適な量を供給できるとは限りません。これを**政府の失敗**といいます。

公務員を目指す皆さんには、どうしたら政府が公共財の最適量を供給でき

るのか、というのは非常に重要な問題になってきます。

では公共財について整理しておきましょう。

板書16	公共財のまとめ	
公共財の性質	**消費の非排除性** お金を払わなくても消費できる	**消費の非競合性** 皆が同時に消費できる
問題点 ⬇	他人が購入したものを消費しようというただ乗り（フリーライド）が起こり、社会的に望ましい量より少量しか購入されない 市場に任せても最適資源配分が実現しない（**市場の失敗**）	
対策 ⬇	市場に代わって、政府が税金を使って公共財を供給する	
問題点 ⬇	しかし、政府も公共財の最適供給量がわからず、最適資源配分を実現できない（**政府の失敗**）	
対策 ⬇	人々が公共財の需要を正直に申告し、政府はそれに基づいて最適な量を供給し、申告した需要量に応じて費用を負担させる（**リンダールの解法**）	
問題点	実際には人々は需要量を少なめに申告してただ乗り（フリーライド）を起こしてしまうため、やはり過少供給となってしまう	

CHAPTER 4 過去問チェック！

●次の各記述が妥当かどうか（○か×か）を判断しなさい。

問1 Section 1 2

ある企業の経済活動が外部不経済を発生させている場合には、この企業の私的限界費用が社会的限界費用を上回っているため、政府がこの企業に税金を課すことによって、効率的な資源配分が達成される。
東京都Ⅰ類2003

問2 Section 1 2

ある企業の経済活動が外部経済を発生させている場合には、この企業の私的限界費用が社会的限界費用を下回っているため、政府がこの企業に補助金を与えることによって、効率的な資源配分が達成される。
東京都Ⅰ類2003

問3 Section 2 2

純粋公共財は、消費における非競合性と非排除性という2つの性質をあわせもった財であり、例として国防や警察がある。
東京都Ⅰ類2006

問4 Section 2 3

純粋公共財では、対価を支払わない個人をその消費から排除することが可能であり、ただ乗り現象を生じることはない。
特別区Ⅰ類2003

問5 Section 2 2

準公共財とは、非排除性と非競合性という公共財の性質のうち、非排除性のみを有する財・サービスである。準公共財の例として、医療サービスや教育、警察が挙げられる。
国家専門職2017

問6 Section 2 1

国防、灯台などが生み出すサービスは、対価を支払わないからといってその人の利用を妨げることは難しく、このように対価を支払うことなくそのサービスを利用できるような財の性質を非競合性という。
特別区Ⅰ類2015

●次の問題の正解を❶～❺から選びなさい。

問7 Section 1 **2**

　下の図は、縦軸に価格を、横軸に数量をとり、完全競争市場において企業が外部不経済を発生させているときの需要曲線をD、私的限界費用曲線をPMC、社会的限界費用曲線をSMCで表したものである。この図において、社会全体の厚生損失を表す部分および政府が市場の失敗を補正するためにピグー的課税を行い、パレート最適を実現した場合における生産量の組合せとして、妥当なのはどれか。

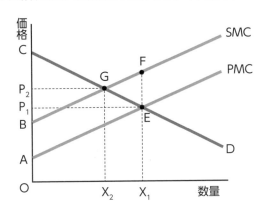

	厚生損失	生産量
❶	P_1AE	OX_1
❷	CP_2G	OX_1
❸	CP_2G	OX_2
❹	GEF	OX_1
❺	GEF	OX_2

特別区Ⅰ類2008

問8 Section 2 **1** **2**

次の文は、公共財に関する記述であるが、文中の空所A～Dに該当する語の組合せとして、妥当なのはどれか。

公共財は、私的財と異なり、消費における ___A___ と ___B___ という性質を持つ財として定義される。

消費における ___A___ とは、ある人の消費が他の人の消費可能性を減らさないことをいい、消費における ___B___ とは、対価を支払わない人の消費を妨げることが著しく困難であるということである。この二つの性質を併せ持った財は、純粋公共財といわれ、例として ___C___ や ___D___ がある。

	A	B	C	D
❶	競合性	排除性	国防	交通
❷	非競合性	非排除性	国防	消防
❸	排除性	競合性	教育	保健
❹	非排除性	非競合性	警察	交通
❺	競合性	排除性	警察	保健

特別区Ⅰ類2011

解答

問1 ✕　外部不経済が発生しているときには、企業の私的限界費用とは別に、社会全体が負担する限界外部費用が生じています。私的限界費用（PMC）と限界外部費用を足し合わせたものが社会的限界費用（SMC）なので、私的限界費用は社会的限界費用を下回っています。

284

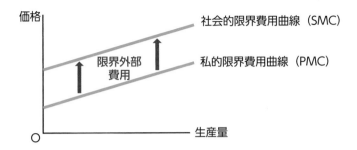

外部不経済は財の過剰供給をもたらしますが、これを克服するために政府が課税を行うべきとする後半は正しい記述です。

問2 ✕ 外部経済が発生しているときには、企業の生産活動は社会全体にとっての好影響となる限界外部便益をもたらしています。私的限界費用（PMC）から限界外部便益を差し引いたものが社会的限界費用（SMC）なので、私的限界費用は社会的限界費用を上回っています。

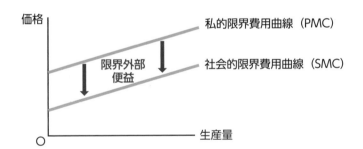

外部経済は財の過少供給をもたらしますが、これを克服するために政府が補助金を交付すべきとする後半は正しい記述です。

問3 ◯ 公共財（純粋公共財）は、消費の非排除性、非競合性を併せ持った財です。国防や警察といったサービスは、対価を支払わない人も恩恵を受けられてしまうため非排除性を持ち、同時に複数の人が消費できるため非競合性を持つ、公共財（純粋公共財）の例であるといえます。

問4 ✕ 公共財（純粋公共財）は消費の非排除性という性質を持ち、対価を

支払わない個人を排除することができません。このため、ただ乗り現象を生じてしまいます。

問5 ✕　準公共財は、消費の非排除性、非競合性のうち一方のみを有する財をいいます。非排除性のみを有する財のほか、非競合性のみを有する財も準公共財に当たります。また、例に挙げられている財のうち警察は公共財（純粋公共財）に当たります。

問6 ✕　対価を支払うことなくそのサービスを利用できるような財の性質は、非競合性ではなく非排除性です。

問7 **正解5**

完全競争市場で外部不経済が生じている場合の余剰分析の問題です。問われているのは、❶ピグー的政策を実施する前の余剰の損失（厚生損失）、❷ピグー的政策を実施した後の生産量、の2つです。

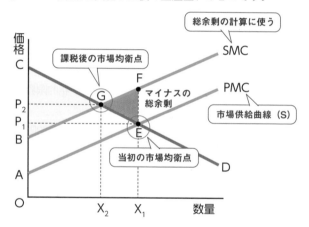

まず、この経済にとって総余剰が最大化されている（パレート最適となっている）状態を考えます。社会全体の利益である総余剰を考える場合の限界費用は社会的限界費用（SMC）ですから、総余剰が最大となる生産量は需要曲線（D）と社会的限界費用曲線（SMC）の交点Gです。このときの総余剰は△CBG、生産量はX_2となります。

しかし、現実には企業は第三者にもたらす限界外部費用を考慮せずに自分の私的限界費用だけを考えるので、私的限界費用曲線（PMC）が市場供給曲線となります。その結果、需要曲線（D）と私的限界費用曲

線（PMC）の交点である点Eで市場は均衡し、取引量はX₁となります。

❶で求められているのは余剰の損失であり、これはパレート最適な状態での総余剰と現実の総余剰との差に当たります。

　　　パレート最適な状態での総余剰　　：　△CBG
　　　現実（市場均衡）の総余剰　　　　：　△CBG－△GEF

つまり、△GEFの分だけ余剰の損失が生じていることがわかります。

次に、限界外部費用に相当するFE分のピグー税を課す政策を実施すると、私的限界費用曲線（PMC）が上にシフトして社会的限界費用曲線（SMC）と等しくなります。すると、市場均衡点は点Gに移り、パレート最適な状態を実現できます。❷で求められているのはこのときの生産量ですが、これは先ほど見たとおりX₂（OX₂）です。

したがって、正解は❺となります。

|問8| 正解2

まず、空所A、Bから考えていきましょう。「消費における　　A　　とは、ある人の消費が他の人の消費可能性を減らさないということ」とあることから空所Aに入るのは「消費の非競合性」であることがわかります。また、「消費における　　B　　とは、対価を支払わない人の消費を妨げることが著しく困難であるということ」とあることから空所Bに入るのは「消費の非排除性」であることがわかります。この時点で、正解は❷とわかります。

空所C、Dには公共財（純粋公共財）に当たる財が入ります。これらについても検討しておきましょう。

国防　：本編でミサイル防衛を例に説明したとおり、公共財に当たります。

交通　：交通サービスの中には有料のものがありますから、料金を支払わない人は利用できず排除されてしまいます。したがって、消費の非排除性がないため公共財には当たりません。

消防　：火災の被害は延焼で拡大する恐れがあるため、消費者が対価を支払っているかどうかにかかわらず消火しなければなりません。このため、消費の非排除性があるといえます。また、消防

というサービスは社会全体に恩恵を与えているといえますから、消費の非競合性もあるといえます。よって、公共財に当たります。

教育　：例えば大学のような教育サービスを考えると、ある教室で行われる講義を複数の学生が聴講することができます。同時に複数人が利用できるため消費の非競合性はあるといえますが、学費を納めない人はサービスを受けることができないため、消費の非排除性はないといえます。したがって公共財には当たりません。

保健　：これについては判断が難しいところです。公衆衛生のようなものであれば社会全体で利益を受けるので「消費の非排除性」や「消費の非競合性」という性質を持つ公共財になります。しかし、健康診断や予防接種などであれば、排除しようと思ったらできますので「消費の非排除性」という性質を満たしません。また、健康診断や予防接種は、複数の人が同時に行うことはできませんから「消費の非競合性」という性質も満たしません。したがって、健康診断や予防接種は公共財ではありません。

警察　：治安維持を提供するサービスを警察と考えると、国防や消防と同様に社会全体で利益を受けるので、「消費の非排除性」や「消費の非競合性」という性質を持つ公共財に当たります。

　以上でミクロ経済学編も終わりです、お疲れ様でした。政府が補助金を支給するのはなぜか、国防や警察をなぜ政府が供給しているのかということが、ミクロ経済学を通して理解していただけたと思います。このようにミクロ経済学は公務員の役割を考えるうえで必要なものなのです。だからこそ、専門試験にも出題されるわけです。

　経済学は苦手意識を持つ受験生が多い分野です。まずは、細かい数式やグラフよりも、本書をじっくり復習して主要論点の大きな流れをつかんでください。それだけでもある程度得点できますし、今後の理解が早くなります。

　それでは、皆さんの合格と公務員としてのご成功をお祈りしていま

す！

索　引

【執筆者】

石川秀樹 （いしかわ　ひでき）

1963年生まれ。上智大学法学部国際関係法学科卒業。筑波大学ビジネス科学研究科経営システム科学専攻修了（経営学修士）。2005-6年英国政府チーブニング奨学生としてロンドン大学Institute of Educationに留学。
新日本製鐵株式会社資金部、鋼管輸出部などを経て、現在、石川経済分析取締役社長。サイバー大学教授、SBI大学院大学客員教授。日本経営品質賞審査員（2004年度、2007年度、2008年度）。地域活性学会理事。

著書
　『試験攻略入門塾 速習！マクロ経済学』（中央経済社）
　『試験攻略入門塾 速習！ミクロ経済学』（中央経済社）
　『試験攻略入門塾 速習！経済学 基礎力トレーニング（マクロ＆ミクロ）』
　（中央経済社）
　『試験攻略入門塾 経済学 過去問トレーニング 公務員対策・マクロ』（中央
　経済社）
　『試験攻略入門塾 経済学 過去問トレーニング 公務員対策・ミクロ』（中央
　経済社）
　『試験攻略 新・経済学入門塾』シリーズ（中央経済社）
　『ケーススタディーで学ぶ入門ミクロ経済学』（PHP研究所）
　『単位が取れるマクロ経済学ノート』（講談社）
　『単位が取れるミクロ経済学ノート』（講談社）
　『単位が取れる経済数学ノート』（講談社）
　『経済学とビジネスに必要な数学がイッキにわかる!!』（学習研究社）
　『1項目3分でわかる石川秀樹の経済学入門ゼミ』（日本実業出版社）
　『6色蛍光ペンでわかる経済』（ダイヤモンド社）
　『これ以上やさしく書けない経済のしくみ』（PHP研究所）
　『不動産鑑定士Pシリーズ 過去問集 経済学』（早稲田経営出版）
　『名フレーズでわかる「勝者のロジック」』（共著、講談社）

みんなが欲しかった！公務員 合格へのはじめの一歩 経済科目　第2版

2021年11月25日　初　版　第1刷発行
2024年3月25日　第2版　第1刷発行

著　　者　　石　川　秀　樹
発　行　者　　多　田　敏　男
発　行　所　　TAC株式会社　出版事業部
　　　　　　　　　　　　　　（TAC出版）

〒101-8383
東京都千代田区神田三崎町3-2-18
電話 03 (5276) 9492 (営業)
FAX 03 (5276) 9674
https://shuppan.tac-school.co.jp

組　　版　　朝日メディアインターナショナル株式会社
印　　刷　　株式会社　光　　　邦
製　　本　　東京美術紙工協業組合

© Hideki Ishikawa 2024　　　Printed in Japan　　　ISBN 978-4-300-11084-3
N.D.C. 317

公務員講座のご案内

大卒レベルの公務員試験に強い!

2022年度 公務員試験

公務員講座生[1]
最終合格者延べ人数[2]

5,314名

国家公務員 (大卒程度)	計	2,797名
地方公務員 (大卒程度)	計	2,414名
国立大学法人等	大卒レベル試験	61名
独立行政法人	大卒レベル試験	10名
その他公務員		32名

※1 公務員講座生とは公務員試験対策講座において、目標年度に合格するために必要と考えられる、講義、演習、論文対策、面接対策等をパッケージ化したカリキュラムの受講生です。単科講座や公開模試のみの受講生は含まれておりません。
※2 同一の方が複数の試験種に合格している場合は、それぞれの試験種に最終合格者としてカウントしています。(実合格者数が2,843名です。)
※2023年1月31日時点で、調査にご協力いただいた方の人数です。

1位 全国の公務員試験で 合格者を輩出!

詳細は公務員講座(地方上級・国家一般職)パンフレットをご覧ください。

2022年度 国家総合職試験

公務員講座生[1]
最終合格者数 **217名**

法律区分	41名	経済区分	19名
政治・国際区分	76名	教養区分[2]	49名
院卒/行政区分	24名	その他区分	8名

※1 公務員講座生とは公務員試験対策講座において、目標年度に合格するために必要と考えられる、講義、演習、論文対策、面接対策等をパッケージ化したカリキュラムの受講生です。単科講座や公開模試のみの受講生は含まれておりません。
※2 上記は2022年度目標の公務員講座最終合格者のほか、2023年度目標公務員講座生の最終合格者40名が含まれています。
※上記は2023年1月31日時点で、調査にご協力いただいた方の人数です。

2022年度 外務省専門職試験

最終合格者総数55名のうち
54名がWセミナー講座生[1]です。

合格者占有率[2] **98.2%**

外交官を目指すなら、実績のWセミナー

※1 Wセミナー講座生とは、公務員試験対策講座において、目標年度に合格するために必要と考えられる、講義、演習、論文対策、面接対策等をパッケージ化したカリキュラムの受講生です。各種オプション講座や公開模試など、単科講座のみの受講生は含まれておりません。また、Wセミナー講座生はそのボリュームから他校の講座生と掛け持ちすることは困難です。
※2 合格者占有率は「Wセミナー講座生(※1)最終合格者数」を、「外務省専門職採用試験の最終合格者総数」で除して算出しています。また、算出した数字の小数点第二位以下を四捨五入して表記しています。
※上記は2022年10月10日時点で調査にご協力いただいた方の人数です。

Wセミナーは TAC のブランドです

資格の学校 TAC

合格できる3つの理由

1 必要な対策が全てそろう！ ALL IN ONEコース

TACでは、択一対策・論文対策・面接対策など、公務員試験に必要な対策が全て含まれているオールインワンコース（＝本科生）を提供しています。地方上級／国家一般職／国家総合職／外務専門職／警察官・消防官／技術職／心理職・福祉職など、試験別に専用コースを設けていますので、受験先に合わせた最適な学習が可能です。

カリキュラム例：地方上級・国家一般職 総合本科生

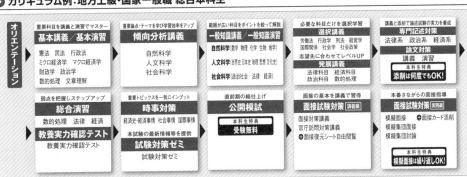

※上記は2024年合格目標コースの内容です。カリキュラム内容は変更となる場合がございます。

2 環境に合わせて選べる！ 多彩な学習メディア

通学メディア
- 教室＋Web講座　教室・ビデオブース・Webで講義が受けられる
- ビデオブース＋Web講座　TAC校舎のビデオブースとWeb講義で自分のスケジュールで学習

通信メディア
- Web通信講座　外出先で、さらにWebで、自由に講義が受けられる！

フォロー制度も充実！
受験生の毎日の学習をしっかりサポートします。

- **欠席・復習用フォロー**
  - クラス振替出席フォロー
  - クラス重複出席フォロー
- **質問・相談フォロー**
  - 担任講師制度・質問コーナー
  - 添削指導・合格者座談会
- **最新の情報提供**
  - 面接復元シート自由閲覧
  - 官公庁・自治体業務説明会 など

※上記は2024年合格目標コースの一例です。年度やコースにより変更となる場合がございます。

3 頼れる人がそばにいる！ 担任講師制度

TACでは教室講座開講校舎と通信生専任の「担任講師制度」を設けています。最新情報の提供や学習に関する的確なアドバイスを通じて、受験生一人ひとりを合格までアシストします。

担任カウンセリング

学習スケジュールのチェックや苦手科目の克服方法、進路相談、併願先など、何でもご相談ください。担任講師が親身になってお答えします。

オンラインでも実施！

ホームルーム（HR）

時期に応じた学習の進め方などについての「無料講義」を定期的に実施します。

Webホームルーム（HR）標準装備！

パンフレットのご請求は

TAC カスタマーセンター **0120-509-117** ゴウカク イイナ

受付時間
平 日 9:30～19:00
土曜・日曜・祝日 9:30～18:00

※受付時間は、変更させていただく場合がございます。詳細は、TACホームページにてご確認いただきますようお願い申し上げます。

TACホームページ https://www.tac-school.co.jp/

公務員講座のご案内

無料体験入学のご案内
3つの方法でTACの講義が体験できる!

教室で体験
迫力の生講義に出席 予約不要! 最大3回連続出席OK!

1. 校舎と日時を決めて、当日TACの校舎へ
TACでは各校舎で毎月体験入学の日程を設けています。

2. オリエンテーションに参加（体験入学1回目）
初回講義「オリエンテーション」にご参加ください。体験入学ご参加の際に個別にご相談をお受けいたします。

3. 講義に出席（体験入学2・3回目）
引き続き、各科目の講義をご受講いただけます。参加者には体験用テキストをプレゼントいたします。

● 最大3回連続無料体験講義の日程はTACホームページと公務員講座パンフレットでご覧いただけます。
● 体験入学はお申込み予定の校舎に限らず、お好きな校舎でご利用いただけます。
● 4回目の講義前までにご入会手続きをしていただければ、カリキュラム通りに受講することができます。

※地方上級・国家一般職、理系（技術職）、警察・消防以外の講座では、最大3回連続体験入学を実施しています。また、心理職・福祉職はTAC動画チャンネルで体験講義を配信しています。
※体験入学1回目や2回目の後でもご入会手続きは可能です。「TACで受講しよう！」と思われたお好きなタイミングで、ご入会いただけます。

ビデオで体験
校舎のビデオブースで体験視聴

TAC各校のビデオブースで、講義を無料でご視聴いただけます。（要予約）

各校のビデオブースでお好きな講義を視聴できます。視聴前日までに視聴する校舎受付までお電話にてご予約をお願い致します。

ビデオブース利用時間 ※日曜日は④の時間帯はありません。
① 9：30 ～ 12：30　② 12：30 ～ 15：30
③ 15：30 ～ 18：30　④ 18：30 ～ 21：30

※受講可能な曜日・時間帯は一部校舎により異なります。
※年末年始・夏期休業・その他特別な休業日以外は、通常平日・土日祝祭日でご覧いただけます。
※予約時にご希望日とご希望時間帯を合わせてお申込みください。
※基本講義の中からお好きな科目をご視聴いただけます。（視聴できる科目は時期により異なります）
※TAC提携校での体験視聴につきましては、提携校各校へお問合せください。

Webで体験
スマートフォン・パソコンで講義を体験視聴

TACホームページの「TAC動画チャンネル」で無料体験講義を配信しています。時期に応じて多彩な講義がご覧いただけます。

TAC ホームページ　https://www.tac-school.co.jp/

※体験講義は教室講義の一部を抜粋したものになります。

TAC出版 書籍のご案内

TAC出版では、資格の学校TAC各講座の定評ある執筆陣による資格試験の参考書をはじめ、資格取得者の開業法や仕事術、実務書、ビジネス書、一般書などを発行しています！

TAC出版の書籍

*一部書籍は、早稲田経営出版のブランドにて刊行しております。

資格・検定試験の受験対策書籍

- ✪日商簿記検定
- ✪建設業経理士
- ✪全経簿記上級
- ✪税 理 士
- ✪公認会計士
- ✪社会保険労務士
- ✪中小企業診断士
- ✪証券アナリスト

- ✪ファイナンシャルプランナー(FP)
- ✪証券外務員
- ✪貸金業務取扱主任者
- ✪不動産鑑定士
- ✪宅地建物取引士
- ✪賃貸不動産経営管理士
- ✪マンション管理士
- ✪管理業務主任者

- ✪司法書士
- ✪行政書士
- ✪司法試験
- ✪弁理士
- ✪公務員試験(大卒程度・高卒者)
- ✪情報処理試験
- ✪介護福祉士
- ✪ケアマネジャー
- ✪電験三種　ほか

実務書・ビジネス書

- ✪会計実務、税法、税務、経理
- ✪総務、労務、人事
- ✪ビジネススキル、マナー、就職、自己啓発
- ✪資格取得者の開業法、仕事術、営業術

一般書・エンタメ書

- ✪ファッション
- ✪エッセイ、レシピ
- ✪スポーツ
- ✪旅行ガイド (おとな旅プレミアム/旅コン)

公務員試験対策書籍のご案内

TAC出版の公務員試験対策書籍は、独学用、およびスクール学習の副教材として、各商品を取り揃えています。学習の各段階に対応していますので、あなたのステップに応じて、合格に向けてご活用ください!

INPUT

『みんなが欲しかった！公務員 合格へのはじめの一歩』
A5判フルカラー
- ●本気でやさしい入門書
- ●公務員の“実際”をわかりやすく紹介したオリエンテーション
- ●学習内容がざっくりわかる入門講義

- ・数的処理（数的推理・判断推理・空間把握・資料解釈）
- ・法律科目（憲法・民法・行政法）
- ・経済科目（ミクロ経済学・マクロ経済学）

『みんなが欲しかった！公務員 教科書＆問題集』
A5判
- ●教科書と問題集が合体！でもセパレートできて学習に便利！
- ●「教科書」部分はフルカラー！見やすく、わかりやすく、楽しく学習！

- ・憲法
- ・【刊行予定】民法、行政法

『新・まるごと講義生中継』
A5判
TAC公務員講座講師
郷原 豊茂 ほか
- ●TACのわかりやすい生講義を誌上で！
- ●初学者の科目導入に最適！
- ●豊富な図表で、理解度アップ！

- ・郷原豊茂の憲法
- ・郷原豊茂の民法Ⅰ
- ・郷原豊茂の民法Ⅱ
- ・新谷一郎の行政法

『まるごと講義生中継』
A5判
TAC公務員講座講師
渕元 哲 ほか
- ●TACのわかりやすい生講義を誌上で！
- ●初学者の科目導入に最適！

- ・郷原豊茂の刑法
- ・渕元哲の政治学
- ・渕元哲の行政学
- ・ミクロ経済学
- ・マクロ経済学
- ・関野喬のパターンでわかる数的推理
- ・関野喬のパターンでわかる判断整理
- ・関野喬のパターンでわかる空間把握・資料解釈

要点まとめ

『一般知識 出るとこチェック』
四六判
- ●知識のチェックや直前期の暗記に最適！
- ●豊富な図表とチェックテストでスピード学習！

- ・政治・経済
- ・思想・文学・芸術
- ・日本史・世界史
- ・地理
- ・数学・物理・化学
- ・生物・地学

記述式対策

『公務員試験論文答案集 専門記述』
A5判
公務員試験研究会
- ●公務員試験（地方上級ほか）の専門記述を攻略するための問題集
- ●過去問と新作問題で出題が予想されるテーマを完全網羅！

- ・憲法〈第2版〉
- ・行政法

書籍の正誤に関するご確認とお問合せについて

書籍の記載内容に誤りではないかと思われる箇所がございましたら、以下の手順にてご確認とお問合せをしてくださいますよう、お願い申し上げます。

なお、正誤のお問合せ以外の**書籍内容に関する解説および受験指導などは、一切行っておりません。**
そのようなお問合せにつきましては、お答えいたしかねますので、あらかじめご了承ください。

1 「Cyber Book Store」にて正誤表を確認する

TAC出版書籍販売サイト「Cyber Book Store」の
トップページ内「正誤表」コーナーにて、正誤表をご確認ください。

CYBER TAC出版書籍販売サイト
BOOK STORE

URL：https://bookstore.tac-school.co.jp/

2 1の正誤表がない、あるいは正誤表に該当箇所の記載がない ⇒ 下記①、②のどちらかの方法で文書にて問合せをする

★ご注意ください★

お電話でのお問合せは、お受けいたしません。

①、②のどちらの方法でも、お問合せの際には、「お名前」とともに、

「対象の書籍名（○級・第○回対策も含む）およびその版数（第○版・○○年度版など）」
「お問合せ該当箇所の頁数と行数」
「誤りと思われる記載」
「正しいとお考えになる記載とその根拠」

を明記してください。

なお、回答までに１週間前後を要する場合もございます。あらかじめご了承ください。

---

① ウェブページ「Cyber Book Store」内の「お問合せフォーム」より問合せをする

【お問合せフォームアドレス】

https://bookstore.tac-school.co.jp/inquiry/

---

② メールにより問合せをする

【メール宛先　TAC出版】

syuppan-h@tac-school.co.jp

※土日祝日はお問合せ対応をおこなっておりません。
※正誤のお問合せ対応は、該当書籍の改訂版刊行月末日までとといたします。

乱丁・落丁による交換は、該当書籍の改訂版刊行月末日までとといたします。なお、書籍の在庫状況等により、お受けできない場合もございます。
また、各種本試験の実施の延期、中止を理由とした本書の返品はお受けいたしません。返金もいたしかねますので、あらかじめご了承くださいますようお願い申し上げます。

（2022年7月現在）